Karl Schnell · Zeppelins Fernpatrouille

Karl Schnell

Zeppelins Fernpatrouille

mit badischen Dragonern in das untere Elsaß Juli 1870

wVw

Verlag für Wehrwissenschaften München

Meiner Frau Gisela, geb. Witte,
und meinen Kindern
Udo und Uta

4. Auflage 1987

Gesamtherstellung: Verlagsdruckerei E. Rieder, Schrobenhausen
Printed in Germany
ISBN 3-8219-0015-6

Inhalt

Vorwort

Nur noch wenigen ist bekannt, daß bei dem kleinen Städtchen Woerth im unteren Elsaß am 6. August 1870 eine der ersten entscheidenden und für beide Seiten opfervollen Schlachten des deutsch-französischen Krieges geführt wurde. Noch heute erinnern weit über einhundert Denkmäler und Gräber in dieser Gegend an die dort gefallenen Soldaten.

In dem Weiler Schirlenhof fand ich einen Gedenkstein mit der Inschrift: »Hier fiel bei einer Recognoscierung am 25. Juli 1870 im Kriege gegen Frankreich, als erster deutscher Soldat William Herbert Winsloe. Lieutenant im badischen 3. Dragoner-Regiment Prinz Karl«

Gedenkstein für Leutnant Winsloe in Schirlenhof

Diese Inschrift veranlaßte mich, noch einmal eine Episode in Erinnerung zurückzurufen, die der Schlacht von Woerth vorausging und seinerzeit in Deutschland und Frankreich Aufsehen erregte. Es war die Fernpatrouille badischer Dragoner unter der Führung eines württembergischen Offiziers, des Grafen von Zeppelin, der später, nach einer erfolgreichen militärischen Karriere, als Erfinder des lenkbaren Luftschiffs berühmt wurde.

Der Rekognoszierungsritt begann als ein verwegenes Kavallerieunternehmen. Er wurde mutig und ritterlich durchgeführt, unter gegenseitiger soldatischer Achtung und untadelig gegenüber der Zivilbevölkerung. Das durch die Fernpatrouille erzielte Aufklärungsergebnis war von hohem Wert für die deutsche militärische Führung. Aber es war auch durch Tod, Gefangenschaft und Verwundung der Teilnehmer teuer erkauft.

Unter Auswertung hinterlassener Berichte von Teilnehmern des Ritts, sowie zahlreicher zeitgenössischer Quellen, darunter deutsche und französische Kriegstagebücher, habe ich mich bemüht, den Ablauf der Patrouille sachlich zu rekonstruieren. Zum leichteren Verständnis der Umstände, die zu dem in die Geschichte der deutschen Reiterei eingegangenen Unternehmen führten, habe ich eine kurze Darstellung der damaligen politischen und militärischen Lage vorangestellt.

Ein besonderer Dank gebührt Frhr. von Villiez und Herrn Paul René Zander für ihre Mithilfe bei der Materialsammlung.

Nach drei großen Kriegen sind das deutsche und das französische Volk gute Nachbarn geworden. Möge diese Schilderung im 21. Jahre des deutsch-französischen Freundschaftsvertrags dazu dienen, die beiderseitigen Beziehungen zu festigen und zu vertiefen.

Baden-Baden 1984 *Karl Schnell*

Kapitel 1

Vorgeschichte

Es war der 23. Juli 1870, als nach einem heißen Sommertag in Karlsruhe der Chef des Generalstabs der Badischen Felddivision, Oberstleutnant von Lesczynski, über eine Karte vom unteren Elsaß gebeugt, heftig mit den Offizieren seines Stabes diskutierte. Es fielen Worte wie: »Kriegszustand«, »Ungewißheit über die Absichten der Franzosen«, »Deutscher Aufmarsch«, »Notwendigkeit der Aufklärung«. Worum ging es?

Vier Tage zuvor, am 19. Juli, hatte Frankreich Preußen den Krieg erklärt. Ein nichtiger Anlaß war zum Vorwand genommen worden, um den Kampf um die Führung in Mitteleuropa auszulösen. Die in den 60er Jahren des vorigen Jahrhunderts fortschreitende Einigung und innere Stärkung Deutschlands, besonders nach der Schlacht von Königgrätz im Jahre 1866, hatte in Frankreich Befürchtungen um seine seit Jahrhunderten ausgeübte Vormachtstellung ausgelöst. Hinzu waren innere Schwierigkeiten gekommen. Kaiser Napoleon III., 1851 an die Macht gelangt, hatte 1867 in Mexiko einen mißglückten Feldzug geführt, was erheblich seinem Ansehen geschadet hatte.

Dazu kam die Affaire um die Neubesetzung des spanischen Königsthrons. 1870 hatten die Spanier Prinz Leopold von Hohenzollern-Sigmaringen die Spanische Krone angeboten; Wilhelm I., der Preußische König, hatte als Chef des Hauses Hohenzollern-Sigmaringen dazu seine Einwilligung gegeben. Das war für die kaiserliche Partei in Frankreich ein willkommener Anlaß, die öffentliche Meinung aufzustacheln und lautstark den Verzicht des Prinzen zu fordern. Obwohl daraufhin der Vater des Prinzen, Fürst Karl Anton von Hohenzollern, am 12. Juli im Namen seines Sohnes auf die Kandidatur verzichtet hatte, verlangte

Frankreich, durch seinen Botschafter Benedetti, von dem in Bad Ems gerade zur Kur weilenden Preußischen König eine Erklärung, niemals wieder einer solchen Bewerbung seine Zustimmung zu geben. Der König wies diese Zumutung zurück. Als darauf Bismarck die Vorgänge in Bad Ems in abgekürzter, verschärfender Form bekanntmachte und damit das französische Prestigebedürfnis tief verletzte, antwortete Frankreich auf diese »Emser Depesche« mit der Kriegserklärung.

Nun aber trat etwas ein, was in Frankreich keiner erwartet hatte: alle Süddeutschen Staaten traten sofort auf die Seite Preußens und unterstellten ihre Streitkräfte König Wilhelm I. Damit war der strategische Plan der Franzosen, einen Angriffskrieg gegen Preußen zu führen – nämlich über die Pfalz gegen den Main vorzustoßen, Nord- und Süddeutschland voneinander zu trennen und über die Elbe hinweg Berlin anzugreifen – schon in den ersten Tagen nach der Kriegserklärung in Frage gestellt.

Demgegenüber sah der deutsche Feldzugsplan – er basierte auf einer vom Chef des Generalstabes der preußischen Armee, General von Moltke, ausgearbeiteten Denkschrift – eine Offensive gegen Frankreich vor, mit dem Ziel der Eroberung von Paris. Hierzu sollten drei Armeen aufmarschieren:

1. Armee (General von Steinmetz) im Raum um Trier,
2. Armee (Prinz Friedrich Karl von Preußen) südlich Mainz,
3. Armee (Kronprinz Friedrich Wilhelm von Preußen) zwischen Landau und Speyer.

Es handelte sich um etwa 500000 Mann, die erstmals in größerem Umfang mit der Eisenbahn in die Aufmarschräume transportiert wurden.

Die 3. Armee erreichte ihren Raum in der Zeit zwischen dem 19. Juli und den ersten Augusttagen und zwar

das II. Bayerische Korps westlich Landau,
das V. Preußische Korps südlich Landau,
das XI. Preußische Korps bei Rheinzabern,
das I. Bayerische Korps bei Bruchsal,

die Württembergische Felddivision bei Durlach,
die Badische Felddivision um Karlsruhe.

Baden, das durch seine geographische Lage am meisten bedrohte Land, hatte schon auf dem Höhepunkt der Spanischen Krise, in der Nacht zum 16. Juli, die Allgemeine Mobilmachung befohlen. Am 18. Juli verlegte die Badische Felddivision ein Bataillon Infanterie und eine Eskadron Dragoner nach dem linksrheinischen Hagenbach, um die Grenze beiderseits der französischen Grenzfestung Lauterburg zu überwachen. Die Sicherung des rechten Rheinufers bei Karlsruhe war der Badischen Kavallerie-Brigade anvertraut worden.

Aber es schien, als ob die französische Armee nach dem Aufmarsch ihrer grenznäher gelegenen Korps wenig Vorteil aus der Priorität ihrer Rüstung ziehen konnte. Anscheinend war sie, trotz der schnellen Kriegserklärung, noch lange nicht kriegsbereit. Dennoch war die deutsche Führung unruhig. Sie wußte nur wenig über Stärken und Absichten der gegnerischen Führung und befürchtete noch immer einen Vorstoß französischer Kräfte gegen die Pfalz und über den Rhein. Das aber konnte dem eigenen Aufmarsch gefährlich werden.

Kapitel 2

Entschluß zu einer militärischen Fernerkundung

Kehren wir zur Lagebesprechung bei Oberstleutnant v. Lesczynski, dem Chef des Stabes der Badischen Felddivision, zurück!

An diesem Tage, dem 23. Juli 1870, war ihm nur bekannt, daß im Raum Hagenau nördlich Straßburg die 1. und 2. französische Division standen – sie gehörten zum I. Korps des Generals Mac Mahon –, und daß französische Kavallerie bis zur Grenze an der Lauter Streifen ritt. Nachrichten über algerische Zuaven- und Turko-Regimenter, sowie Ausladungen von Lanciers- und Chasseurs-à-cheval-Regimentern in dem nur zehn Kilometer südlich der pfälzischen Grenze gelegenen Städtchens Niederbronn-les-Bains waren unbestätigt, sorgten aber für Unruhe.

Daher schien es zweckmäßig, möglichst noch vor Beendigung des deutschen Aufmarschs und vor Beginn der Kampfhandlungen, durch eine gewaltsame Erkundung aufzuklären ob, und welche weiteren französischen Kräfte in das nördliche Elsaß herangeführt wurden und ob bereits operative Absichten des Feindes erkennbar waren.

Der Befehl für eine solche »Fernaufklärung« auf französischem Staatsgebiet war vom Kommandeur der Badischen Felddivision, Generalleutnant von Beyer, bereits gegeben worden. Jetzt ging es für den Stabschef und seine Mitarbeiter darum, in welcher Form diese Erkundung durchgeführt werden sollte.

Es war eine erregte Debatte. Einige der jüngeren Offiziere schlugen vor, eine gemischte Abteilung, bestehend aus einem Bataillon Infanterie, einer Eskadron Dragoner, einer Artillerie-Batterie und einer Kompanie

Pioniere, zu entsenden. Nur mit geballter Kampfkraft könne man örtlichen Widerstand brechen und einen etwa dreißig Kilometer tiefen Vorstoß wagen. Aber der Chef und einige ältere Offiziere waren anderer Meinung. Sie fürchteten, daß es dann zu einer größeren Auseinandersetzung mit französischen Truppen kommen könne. Falls man sich dann aber auftragsgemäß vom Feind lösen würde, – die Erkundungsergebnisse mußten ja nach Hause zurückgebracht werden – würde dies von der Führung in Paris als erster französischer Sieg gefeiert werden. Ganz Europa würde von einer Niederlage der »Preußen« – wie man damals alle deutschen Truppen nannte – sprechen. Auch die Führung einer so starken Abteilung, – immerhin rund 1000 Soldaten – wäre im Feindesland schwierig und wenig flexibel.

Man diskutierte deshalb als Alternative die Entsendung einer verstärkten Kavallerie-Patrouille. Sie hätte den Vorteil größerer Beweglichkeit, könnte auftauchen und verschwinden, wie gerade notwendig, und wäre nicht gezwungen, bei der Durchführung des nur auf Aufklärung gerichteten Auftrags ein Gefecht anzunehmen.
Nach Abwägung aller Vor- und Nachteile entschloß man sich, im Sinn dieser Alternative, zur Entsendung einer Fernpatrouille, bestehend aus 7 Dragonern, 4 Leutnants und einem Kavalleriehauptmann. Die Patrouille sollte also zahlenmäßig stärker sein als eine Normalpatrouille, um so ein breiteres Aufklärungsergebnis erzielen zu können und die Möglichkeit zu haben, Zwischenmeldungen leichter nach rückwärts zu schicken. Generalleutnant von Beyer stimmte gegen 20 Uhr diesem Vorschlag zu und setzte den Abmarsch der Fernpatrouille auf den kommenden Morgen, den 24. Juli, 8 Uhr ab Hagenbach/Pfalz fest.

Kapitel 3

Auswahl des Patrouillenführers und der Teilnehmer

Zwischen Kommandeur und Stabschef war diskutiert worden, wer als Führer dieser Fernpatrouille und zur Durchführung dieses schwierigen und wichtigen Rekognoszierungsauftrags am besten geeignet wäre und aus welchen Dragoner-Regimentern die anderen Teilnehmer genommen werden sollten. Man benötigte zu diesem Unternehmen einen möglichst erfahrenen Offizier, und so fiel die Wahl auf den württembergischen Hauptmann im Generalstab Graf von Zeppelin (den späteren Erfinder des ersten lenkbaren Luftschiffs). Zeppelin hatte als Flügeladjutant des Königs von Württemberg unmittelbar nach Kriegsausbruch eine Kampfverwendung erbeten und war erst vor wenigen Tagen zur Württembergischen Kavallerie-Brigade versetzt worden. Diese, am 22. Juli vorausgeschickt, unterstand einstweilen der Badischen Felddivision.

Graf Zeppelin war damals gerade 32 Jahre alt und jung verheiratet. Er hatte 1863 freiwillig sechs Monate am nordamerikanischen Sezessionskrieg teilgenommen. Im Kriege 1866, im Gefecht von Aschaffenburg, war er hoch dekoriert worden, weil er, in voller Uniform durch den Main schwimmend, den auf dem anderen Ufer stehenden Hessen eine wichtige Meldung überbracht hatte.

Ein weiterer Grund für Zeppelins Wahl war seine Ortskenntnis. Er war in den Jahren zuvor schon einige Male im unteren Elsaß gewesen (ob zur Jagd oder zu Erkundungen ist heute nicht mehr festzustellen). Er war mit der Gegend einigermaßen vertraut.

Zeppelin war Württemberger. Es wäre naheliegend gewesen ihm freizustellen, die Mitglieder seiner Patrouille aus der eigenen württembergi-

Hauptmann Graf von Zeppelin

schen Kavallerie-Brigade zu nehmen. Doch Generalleutnant von Beyer konnte sich mit dieser Idee nicht befreunden. Schließlich war es seine badische Division, die den Erkundungsritt angesetzt hatte. Seine Dragoner-Regimentskommandeure waren sicher schon erbost und ungehalten, daß ausgerechnet ein Schwabe das Unternehmen leiten sollte. Er befahl deshalb, die Offiziere und Mannschaften aus den Badischen Dragoner-Regimentern anzufordern.

Hauptmann Graf von Zeppelin berichtete später über seine Beauftragung:

»Ich war am 23. Juli mit der Anordnung für die Fertigung und das Legen von Torpedos zur Absperrung des Rheins oberhalb der Brücke Maximiliansau beschäftigt,* als mir vom Chef des Badischen General-

* Zeppelin war ursprünglich Artillerist gewesen.

stabes, Oberstleutnant von Lesczyinski, der Auftrag erteilt wurde, durch Rekognoszierung zu erfahren, ob Mac Mahons Truppen sich zum offensiven Vorgehen gegen die Lauter anschickten, insbesonders wo sich die 3. Division des Mac Mahon'schen I. Korps befand... L. frug mich, wie stark an Offizieren und Leuten ich meine Patrouille haben wolle. Ich wünschte einen Offizier und drei Leute auf guten Pferden...«

Der Chef des Stabes gab Zeppelin zusätzlich noch folgende Einzelweisungen:

Die Patrouille sollte sich am 24. Juli, 8.00 Uhr morgens in Hagenbach, 8 Kilometer westlich Karlsruhe, versammeln. Die Grenze sei bei Lauterburg zu überschreiten und dann solle bis in den Raum Woerth an der Sauer vorgefühlt werden. Die Rückkehr habe – wie im Kriegstagebuch der Badischen Felddivision vermerkt wurde – »längstens in der Früh des 26ten« zu erfolgen. Die Patrouille sollte mit allen Mitteln, sei es durch eigene Beobachtung, sei es durch Befragen der Bevölkerung, danach trachten, genaue Meldungen über das Vorhandensein von französischen Verbänden zurückzubringen.*

Der Chef des Stabes schickte sodann – es begann bereits zu dunkeln – Ordonnanzoffiziere zum Leibdragoner-Regiment und zum 3. Dragoner-Regiment, die in den Vororten von Karlsruhe lagen. Der Befehl – handgeschrieben und kurz – dürfte folgenden Wortlaut gehabt haben:

* Einige deutsche und französische Quellen berichteten um die Jahrhundertwende, daß Graf von Zeppelin sich selbst erboten haben soll, mit einer Offizier-Patrouille im Elsaß aufzuklären. Dies entspricht also nicht den Tatsachen.

Generalkommando | *Karlsruhe, 23 ten Juli 1870*
Badische | *8.00 Uhr abends*
Felddivision

An die Herrn Kommandeure des
1. Bad. Leib-Dragoner-Rgts.
3. Bad. Dragoner-Rgts.

1) Über den Aufmarsch des I. Franz. Korps besteht Unklarheit.
2) Unter Führung des Hptms. Graf von Zeppelin (Württemberg. Kav. Brig.) klärt eine Fernpatrouille bis in den Raum Wörth auf, um festzustellen in wie weit der franz. Aufmarsch fortgeschritten ist.
3) Zu dieser Fernpatrouille stellen ab:
– 1. Leib-Drag. Rgt.: 2 Lieutenants, 5 Dragoner
– 3. Drag. Rgt.: 2 Lieutenants, 2 Dragoner
Ortskenntnis im Elsaß erwünscht.
4) Meldung bei Graf von Zeppelin am 24. Juli 8.00 Uhr vormittags in Hagenbach/Pfalz.
5) Leichtes Gepäck, Mütze statt Helm, ohne Schabracke. Munition und Hartfutter für 2 Tage.

Für das General-Kommando
Der Chef des Stabes
gez. von Lesczynski
(Oberstlieutenant)

Nach dem Eintreffen der Ordonnanzoffiziere herrschte in den Regimentsstabsquartieren in Mühlburg und Beiertheim sicherlich emsige Geschäftigkeit. Zeit für Freiwilligenmeldungen war nicht mehr gegeben. Das war auch nicht weiter schlimm, denn die Kommandeure kannten ihre Offiziere und konnten, nach Rücksprache mit den Eskadronschefs, die Auswahl selbst treffen. Bald stand die Zusammensetzung der Patrouille fest:
Von der Württembergischen Kavallerie-Brigade:
Hauptmann Ferdinand Graf von Zeppelin

Vom 1. Badischen Leib-Dragoner-Regiment:
Premier-Lieutenant Wilhelm Karl Frhr. von Wechmar

Seconde-Lieutenant Philipp Frhr. von Villiez
Gefreiter Carl Zilly (als Ordonnanz für Wechmar)
Gefreiter Anton Diehm (als Ordonnanz für Villiez)
Gefreiter Friedrich Weiss
Dragoner Georg Ludwig Kraft
Dragoner Augustin Kraus

Vom 3. Badischen Dragoner-Regiment Prinz Karl:
Seconde-Lieutenant William Herbert Winsloe*
Seconde-Lieutenant Heinrich Frhr. Gayling von Altheim
Gefreiter Friedrich Wittmann (als Ordonnanz für Gayling)
Dragoner Gerber (als Ordonnanz für Winsloe)

* Winsloe, 1843 in Coulnakyle bei Inverness/Schottland geboren, fühlte sich von der deutschen Militärlaufbahn so angezogen, daß er Mitte der 60er Jahre in badische Dienste trat.

von Zeppelin

von Wechmar

von Villiez

Winsloe

Gayling von Altheim

Weiss

Kraus

Zilly

Diehm

Wittmann

Gerber

Außer Zeppelin waren noch drei Mitglieder der Patrouille schon früher im Elsaß gewesen und mit der Einsatzgegend ein wenig vertraut: Leutnant Winsloe war öfters zur Jagd in die Gegend von Woerth eingeladen gewesen. Die Dragoner Kraft und Kraus hatten vor ihrer Einberufung zum Militärdienst als Brauknecht bzw. als Metzgerbursche in Hagenau gearbeitet.

Der Auftrag der Division, eine Fernpatrouille ins Feindesland hinein durchzuführen, dürfte bei den beiden Dragoner-Regimentern wie eine Bombe eingeschlagen haben. Mit Sicherheit wurden die ausgewählten Offiziere von ihren Kameraden beneidet, da ihnen erstmalig ein Erlebnis bevorstand, das sich damals jeder passionierte Kavallerist ersehnte. Von einigen Teilnehmern der Patrouille liegen persönliche Berichte vor, die Verlauf und Stimmung wiedergeben:

Leutnant Frhr. Gayling von Altheim schreibt in seinen »Erinnerungen eines deutschen Reiteroffiziers aus dem Feldzuge 1870/71 gegen Frankreich«:

> »Am 17. Juli waren wir aus Bruchsal abmarschiert. Am 23. Juli abends beschied mich mein Regimentscommandeur, Oberstlieutenant von Gemmingen und den Lt. Winsloe zu sich und teilte uns mit, daß wir uns am nächsten Morgen beim Württembergischen Generalstabshauptmann Graf Zeppelin jenseits Maxau zu melden hätten, es gälte voraussichtlich einen größeren Ritt (zu machen) und er rathe uns, unsere besten Pferde zu reiten.
> Das gibt etwas für meinen teuern Steeplechaser »Anna« dachte ich, und legte mich, stolz, unter den ersten sein zu dürfen, die dem Franzmann auf den Leib rücken, schlafen.«

Leutnant Frhr. von Villiez hielt in seinem Tagebuch fest:

> »Den 23. Juli abends erhielt ich vom Kommandeur des 1. Badischen Leib-Dragoner-Regiments (Oberst von Schäffer), welches im Stabsquartier in Mühlburg lag und mich mit 20 Dragonern als Relaisposten nach Knielingen vorgeschoben hatte, den Befehl, mich zum Zwecke einer Rekognoszierung bei dem württembergischen Hauptmann im Generalstab Graf von Zeppelin am 24. Juli früh morgens in Hagen-

bach in der Pfalz zu melden. ... Als Ordonnanz sollte ich mir einen gut berittenen und findigen Dragoner auswählen. Ich nahm hierzu den Gefreiten Diehm auf einer vorjährigen Remonte. Ich selbst ritt eine vorzügliche, dauerhafte, englische Stute...«

Etwas später und, was den Auftrag anging, weniger eingehend, wurden die als Ordonnanzen eingeteilten Dragoner benachrichtigt. So schreibt der nach dem Kriege in Söllingen/Baden als Sattlermeister und Postagent tätige Dragoner-Gefreiter Carl Zilly:

»Wir hatten seit ca. 8 Tagen in der Bayer. Pfalz strengen Dienst auf Vorposten, denn man war von der Schlagfertigkeit der französischen Armee allgemein überzeugt. Die 2. Eskadron, der ich angehörte, kam am 22. Juli von Wieden zurück nach Langenkandel und wir mußten auch hier Tag und Nacht die Grenze patrouillieren und Feldwache gehen. Wir freuten uns, als am Abend des 23. Juli der Befehl ausgegeben wurde, wir hätten tags darauf Ruhetag, indem eine Eskadron bayer. Voltigeurs unseren Dienst übernehme. Für mich gab es jedoch keinen Ruhetag.

Am Morgen des 24. Juli kam nämlich mein Sergeant zu mir in mein Quartier, als ich gerade mit dem Putzen meines Pferdes beschäftigt war, und brachte mir den Befehl, ich solle um 6 Uhr vor dem Quartier des Herrn Oberleutnant von Wechmar mit meinem Pferde sein. Mantel, Helm und Schabracke müssen zurückbleiben, nur die vorderen Packtaschen und für 2 Pferde Hafer für 2 Tage soll ich mitnehmen. Ich machte mich sogleich fertig wie befohlen und ritt aus. Vor dem Quartier obigen Offiziers angekommen traf ich noch zwei Mann gleicher Ausrüstung an. Keiner von uns wußte jedoch, um was es sich handle...«

Kapitel 4

Versammlung der Patrouille in Hagenbach

Früh am 24. Juli 1870 – es war ein Sonntag – machten sich die eingeteilten Offiziere mit ihren Dragonern auf den Weg in das pfälzische Städtchen Hagenbach. Leutnant Frhr. Gayling von Altheim war mit seinem Regimentskameraden Winsloe losgeritten. Dieser war stolz darauf, als britischer Offizier unter den Auserwählten zu sein und erzählte während des Ritts von seiner schottischen Heimat.

Zwischen 7.30 und 8.00 Uhr trafen sie in Hagenbach ein. Mit einem lauten »Hallo« begrüßten die beiden die auch zur gleichen Zeit eingetroffenen Kameraden Frhr. von Wechmar und Frhr. von Villiez. Als junge, lebenslustige und unbekümmerte Offiziere hatten sie in der letzten Zeit manches Manöver mitgemacht und manche Nacht auf den gemeinsamen Regimentsbällen durchtanzt. Doch daran dachten sie im Augenblick nicht. Der vor ihnen liegende Ritt ins Feindesland ließ ihre Herzen höher schlagen: »die schönste Aufgabe für einen deutschen Reiteroffizier« war ihnen gestellt, wie einer der Teilnehmer in sein Tagebuch schrieb.

Auch die Mannschaften, gestandene Dragoner aus dem Badischen, spitzten die Ohren, um aus den Gesprächen ihrer Offiziere schließen zu können, wo es eigentlich hinginge und was ihnen heute bevorstünde.

Hauptmann Graf von Zeppelin war schon kurz vor 7.00 Uhr in Hagenbach eingetroffen. In dem Wirtshaus, das einer bayerischen Einheit als Stabsquartier diente, bestellte er sich zunächst einen starken Kaffee, denn die Nacht war kurz und kühl gewesen. Dann studierte er seine Karte und überlegte, wie man von Lauterburg aus weiterreiten könne. Den geplanten Marschweg zeichnete er in seine Karte ein.

Kurz vor 8.00 Uhr trat er aus dem Haus. Einen kleinen Schrecken dürfte er bekommen haben, als er die stattliche Reiterschar auf der Straße sah: 4 Offiziere und 7 Dragoner. Dreimal mehr, als er dem Chef des Stabes der Division vorgeschlagen hatte!

Doch zu Überlegungen, welche Vor- oder Nachteile eine so große Zahl von Begleitern haben würde, war keine Zeit. Die vier Offiziere meldeten sich zur Patrouille kommandiert und abmarschbereit. Graf von Zeppelin begrüßte jeden Offizier mit Handschlag und nickte den etwas abseits bei den Pferden stehenden Mannschaften zu.

Er bat die Offiziere in das Wirtshaus, um ihnen in knappen Worten Sinn und Zweck des Auftrags und, anhand der Generalstabskarte die Durchführung zu erläutern: Nach dem Passieren von Lauterburg wolle man durch das hügelige Vorgebirgsland reitend Aufklärung bis zur Linie Hagenau – Weißenburg betreiben. Danach solle je nach Feindlage bis in den Raum Wörth an der Sauer vorgeritten werden.

Für den Fall, daß bei einem überlegenen Feindangriff die Patrouille zersprengt würde und der Zusammenhalt verloren ginge, gab Zeppelin die Weisung, daß sich jeder einzelne als Träger des Auftrags fühlen müsse und die Pflicht habe, die Aufklärung auf eigene Faust weiter zu verfolgen. Jeder müsse aber bis zum 26. Juli früh wieder über die Grenze zurück sein und der Badischen Felddivision in Karlsruhe auf schnellstem Wege über die gemachten Aufklärungsergebnisse berichten.

Einer der Leutnante, der gern in voller Montur losgeritten wäre, fragte den Grafen, warum man die schützenden Dragonerhelme nicht mitnehmen dürfte. Die Erklärung Zeppelins war verständlich: Helme seien zu auffällig; man könne dadurch die Patrouille schon von weitem als deutsche Reiter erkennen. Die befohlene Mütze sei für den langen Ritt in sommerlicher Hitze leichter und habe den Vorteil, daß sie der von den Franzosen getragenen Kopfbedeckung sehr ähnlich sei.

Nach Beendigung der Einweisung überprüfte der Patrouillenführer Anzug, Ausrüstung, Waffen, Munition, Sattelzeug und die befohlene mitzuführende Hafermenge.

Zum Schluß kam der Wirt mit einem Krug Wein heraus, um den »tapferen Dragonern aus dem badischen Nachbarländle« einige Becher zu kredenzen. Doch Graf von Zeppelin winkte höflich ab und meinte: »Wir müssen einen klaren Kopf behalten, um die Franzosen entdecken zu können, und im übrigen holen wir uns heute abend einen elsässischen Tokayer!«

Gegen 8.20 Uhr wurden die Gurte angezogen. Die kleine Reiterschar stieg in den Sattel und trabte, begleitet von den guten Wünschen der vielen neugierig herumstehenden bayerischen Soldaten, in Richtung Lauterburg davon.

Kapitel 5

Im Galopp durch Lauterburg

Im Trab und zunächst zu zweien nebeneinanderreitend ging es auf weichen Waldwegen durch den Staatsforst Hagen. Noch war es kühl, doch der wolkenlose Himmel versprach einen heißen Tag. Unterwegs begegnete die Patrouille Pfälzer Bauern, die mit Eiern, Käse und Schinken in die Stadt unterwegs waren. Ihnen wurden einige Eßwaren abgekauft, um die eigenen mitgeführten kargen Rationen zu schonen. Nach einem kurzen Sattelfrühstück ging es weiter.

Graf von Zeppelin ritt nun mit Oberleutnant von Wechmar und zwei Dragonern etwa 300 Meter der Gruppe voraus. Am Waldrand nördlich Lauterburg – hier standen bayerische Vorposten – hielt er an, zog seinen Feldstecher heraus und richtete ihn auf die vor ihnen liegende Stadtmauer von Lauterburg. Zu seiner großen Freude entdeckte er bald, daß das Nordtor der leicht befestigten elsässischen Grenzstadt offen stand und sogar die Zugbrücke heruntergelassen war.

Er ließ seine Patrouille aufrücken, die Säbel blank ziehen und gab Order, geschlossen in scharfem Trab bis an die Stadtmauer vorzureiten, um dann in vollem Galopp in das Nordtor hinein und durch die Stadt hindurchzusprengen.

In Lauterburg selbst herrschte sonntägliche Ruhe. Zwei Tage vorher hatte das französische Militär die Stadt verlassen. Douaniers versahen den Grenzschutz. Man wußte, daß vor fünf Tagen zwar Preußen der Krieg erklärt worden war, doch von Kriegsbereitschaft war in der Gegend nicht viel zu spüren. Für ein Hochziehen der Brücke über die Lau-

Im Galopp durch das Lauterburger Nordtor

ter oder gar für das Schließen der drei Stadttore hatte kein Anlaß bestanden.

Ein Lauterburger namens Adam unterhielt sich am Landauer Stadttor gerade mit dem Lieutenant de douanes Brun, der an diesem Sonntag in Zivil war, über die für alle unverständliche Kriegserklärung und über die letzten Tage, in denen man schon öfters deutsche Soldaten, manchmal auch einen Reiter, jenseits der Lauter gesehen hatte. In der Nähe der Zugbrücke, am Festungsgraben, saßen der Brigadier de douanes Michel und zwei weitere Zöllner Pfeife schmauchend und wahrscheinlich über den Sonntagsdienst schimpfend.

Plötzlich ertönte Hufschlag, die Zöllner griffen zu ihren Gewehren. Doch bevor sie geladen hatten, schrie Leutnant Brun ihnen zu, im Festungsgraben in Deckung zu gehen und nicht zu schießen. Dies hätte auch wenig Zweck gehabt, denn schon war die Reiterpatrouille mit gezogenem Säbel und laut »Hurra!« rufend, über die Bohlen der Brücke in die Stadt hineingaloppiert.

Da die Deutschen nicht wußten, ob sich französische Truppen noch in der Stadt aufhielten, wurde die ganze Stadt weiterhin im Galopp durchritten.

Hell klang der Hufschlag von 48 Pferdebeinen auf dem harten Pflaster. Für die 1500 Meter lange Strecke wurden nur wenige Minuten gebraucht. Zum Glück war auch das Westtor, das Weißenburger Tor, offen und Douaniers nicht zu sehen. Wäre das Westtor geschlossen gewesen, die Patrouille hätte in dem befestigten Städtchen wie in einer Mausefalle gesessen.

Auch die Einwohner wurden völlig überrascht. Viele Leute waren nicht in den Straßen, da in der Kirche gerade das Hochamt gehalten wurde. Als ein junger Mann in die Kirche stürzte und »De Preisse sin do« schrie, brach eine kleine Panik unter den Gläubigen aus. Viele alte Frauen stießen Angstrufe aus, die Jüngeren sprangen auf den Kirchvorplatz. Vergeblich versuchte der Ortsgendarm die Menge zu beruhigen. Seinen Worten: »Es sind ja nur einige Deserteure vorbeigeritten« glaubte niemand. Doch von den besagten Preußen war nichts mehr zu sehen. Wie ein Spuk waren sie verschwunden.

Einige beherzte Männer liefen zum Nordtor, andere zum Westtor: vom Feind keine Spur. Enttäuscht kehrten sie zur Kirche zurück, wo die aufgeregte Menge darüber diskutierte, ob es nun die Preußen waren oder nicht.

Kapitel 6

Querfeldein von Lauterburg über Neewiller nach Croettwiller

»Das hat ja auf Anhieb gut geklappt!« dachten alle Mitglieder der Fernpatrouille, die nach Passieren des letzten Tores die Pferde in eine ruhigere Gangart fielen ließ. Etwa sechshundert Meter westlich Lauterburg, an der Gabel der nach Weißenburg und Neewiller führenden Straßen, gab Zeppelin das Zeichen zum Aufschließen und Halten. Die schweißbedeckten Pferde bekamen Gelegenheit zum Verschnaufen, doch für die Reiter gab es Arbeit. Sie machten sich daran, die Telegrafenleitungen, die nach Hagenau und Weißenburg führten, zu unterbrechen. Dies war notwendig, um zu vermeiden, daß die Kunde vom Eindringen deutscher Soldaten in das Elsaß ihnen vorauseilte.

Doch leichter gesagt, als getan. Die deutsche Kavallerie war in einem solchen Metier weder ausgebildet, noch hatte sie das notwendige Handwerkszeug für solche Arbeiten in ihrer Geräteausstattung. Auch war diese Art Arbeit nie in Manövern geübt worden. So galt es zu improvisieren. Mit den beiden mitgeführten kleinen Feldbeilen wurden zwei benachbarte Telegrafenmasten unten angehauen, dann wurde eine Fouragierleine über die Drähte geworfen. Mit vereinten Kräften wurden die Stangen umgerissen, aus der Leitung längere Stücke herausgehackt und in ein benachbartes Kornfeld geworfen.

Das Unterbrechen der Telegrafenleitung hatte die Reiter fast eine halbe Stunde aufgehalten. Nun wurden die als Sicherung aufgestellten Dragoner wieder eingezogen, die Patrouille setzte ihren Weg fort. Da man jetzt im Feindesland ritt, war vermehrte Vorsicht geboten. Es kam darauf an,

Rast in Neewiller
Im Vordergrund rechts: Leutnant Winsloe, links: Leutnant Frhr. von Villiez.
Bei den Bauern: Graf von Zeppelin

möglichst bald das hügelige Vorland der Nordvogesen, den »Hochwald« zu erreichen, um besser rekognoszieren, aber auch um sich schneller und besser verstecken zu können.

Zur größeren Sicherheit wurde die Patrouille auseinandergezogen. Leutnant Winsloe übernahm mit einem Dragoner die Spitze. Mit 200 Meter Abstand folgte das »Gros« und ein Leutnant mit einem Dragoner folgte als »Arrièregarde«. Je ein Mannschaftsdienstgrad übernahm die linke und rechte Seitendeckung.

Da nur im Notfall auf Straßen geritten und Ortschaften berührt werden sollten, verließ man die nach Neewiller führende Hauptstraße. Der weitere Ritt, zur Schonung der Pferde im Schritt, machte querfeldein auf den sommerlich trockenen Feldern keine größere Mühe.

Kurz vor Mittag meldete der Dragoner Kraft, daß bei seinem Pferd hinten links das Eisen klapperte. Da man keinen Hufschmied mitgenommen hatte – ein Fehler bei einer so großen Patrouille –, blieb Graf von Zeppelin nichts anderes übrig, als Order zu geben, das nächste vor ihnen liegende Dorf Neewiller (5 km südwestlich Lauterburg) anzureiten und zu versuchen, dort einen Schmied zu finden. Vorsichtig näherte man sich den schönen alten Fachwerkhäusern des elsässischen Weilers. Am Ortsrand, hinter der Scheune des Bauern Anton Wald, wurde abgesessen, nachdem zwei Sicherungsposten aufgestellt worden waren. Alle waren über diese Zwangspause froh, denn die Mittagshitze war schier unerträglich geworden.* Die Gurte wurden gelockert und, soweit es möglich war, setzte man sich in den Schatten der Scheune.

Zeppelin und Villiez ritten weiter in das Dorf, um einen Schmied aufzutreiben. Einwohner wiesen sie zu einem Mann namens Wendelin Schmitt. Dieser bekam doch Herzklopfen, als er von den ihm unbekannten Reitern aufgefordert wurde, sein Handwerkszeug zu holen und zur Scheune des Bauern Wald zu gehen. Dort angekommen, hatte er bald das lose Hufeisen des Kraft'schen Pferdes mit drei Nägeln wieder befestigt. Er mußte noch die Eisen der anderen Pferde nachsehen und erhielt für seine Arbeit, sehr zu seiner Verwunderung, einen Franken.

Neugierig kamen mehr und mehr Einwohner herbei. Da alle Elsässer-Dütsch sprachen, wurden vor allem die Jüngeren bald zutraulicher und brachten den Deutschen Wasser, Wein und Weißbrot. Zwei Bauern holten sogar ihre Sensen und mähten für die Pferde, die seit dem Abmarsch in der Frühe nichts mehr gefressen hatten, etwas Klee. Auch sie waren erstaunt, als sie von den Dragonern bezahlt wurden. Das hatten sie nicht erwartet!

Zeppelin und Villiez waren in der Zwischenzeit im Dorf nicht untätig geblieben. Der Graf fragte mehrere Einwohner, die vor dem Wirtshaus beim Frühschoppen saßen, ob schon französische Truppen durch den

* Der 24. Juli war der heißeste Tag des Jahres 1870.

Die Patrouille auf dem Marsch

Ort gekommen seien. »Bis jetzt nur einmal vier Lanciers, sonst kein Militär« war die Antwort.*

Villiez war einem Landbriefträger begegnet, der ungewöhnlicherweise an diesem Sonntag Post austrug. Der Leutnant erfuhr auch bald den Grund. Nachdem er dem verdutzten Briefträger mit der Pistole drohend die Post abgenommen hatte, stellte er fest, daß der Mann Einberufungsbefehle der französischen Militärbehörden austrug, aus denen Truppenteile und Mobilmachungsorte zu erkennen waren. Dann brach Villiez auch noch einen Briefkasten auf, nahm den Inhalt zu sich und kehrte zur Patrouille zurück.

Es war höchste Zeit, weiterzureiten. Kurz nach 12.30 Uhr schwangen sich die Reiter wieder in den Sattel und trabten durch Neewiller in westlicher Richtung davon. Daß sie dabei noch beinahe beschossen worden

* Das 2. Lanciers-Regiment hatte in der Tat nach der Kriegserklärung den Streifendienst zwischen Seltz und der Lauter übernommen.

wären, erfuhren sie erst aus örtlichen Chroniken nach dem Kriege. Beim Wegritt der Patrouille war nämlich der bei dem Bauern Joseph Müller wohnende Grenzaufseher Georg Ulm mit seinem Gewehr aus dem Haus gestürzt, um auf die Reiter anzulegen. Doch der neben ihm stehende Bauer Anton Mastio war ihm mit den Worten, er solle doch um Himmels Willen keinen Selbstmord begehen, in den Arm gefallen. Grimmigen Blickes habe Ulm davon abgelassen, den »verdammten Preußen« nachzuschießen.

Inzwischen war die Patrouille gestärkt und guten Mutes durch das offene Feld über den Bommels- und den Taubenberg weitergeritten. Der Weiler Oberlauterbach wurde südlich umgangen und der Guckenberg, mehr Hügel als Berg, überquert.

Seit Neewiller hatte die Patrouille in einer Stunde gut fünf Kilometer zurückgelegt. Immer heißer brannte die Sonne auf Roß und Reiter. Bis jetzt waren alle kleinen Bäche, die man überquert hatte, ohne Wasser. Auch der nach Croettwiller führende Eldersbach war, sehr zum Kummer der Reiter, die ihren schweißbedeckten Pferden gern nochmals Wasser gegeben hätten, völlig ausgetrocknet.

Die Kräfte der Pferde ließen in besorgniserregender Weise nach. Da man jedoch unbedingt darauf achten mußte, bei plötzlich auftauchendem Feind in der Lage zu sein, den Pferden die Sporen geben und weggaloppieren zu können, entschloß sich der Graf trotz der damit verbundenen Gefahr, die Ortschaft Croettwiller anzureiten. Dort sollten die Pferde einmal richtig durchgetränkt werden. War doch die Reiterschar seit dem Aufbruch aus den Quartieren bereits acht Stunden unterwegs mit einer Marschleistung von rund 25 Kilometern an diesem heißen Tag.

Kapitel 7

Erstes Scharmützel in Croettwiller

Die Patrouille ließ Trimbach rechts liegen und ritt auf Croettwiller zu. Von weitem war Musik zu hören. Am Eingang des Dorfes sahen die Reiter, daß in dem kleinen Wirtshaus »Kern« getanzt wurde.*

Gasthof Kern in Croettwiller

* Das Wirtshaus besteht heute noch und wird von Herrn Kahl, einem Urenkel des damaligen Besitzers, betrieben.

Die Musik verstummte und die Burschen und Mädchen waren doch sehr überrascht, so unerwartete Gäste in Uniform und hoch zu Roß, zu erblicken.

Bis auf den Führer der Patrouille und den Gefreiten Diehm saßen alle ab. Wie Leutnant von Villiez in seinem Tagebuch vermerkte, faßten sich die jungen Croettwiller sehr rasch und schleppten in Eimern Wasser für die Pferde herbei. Wirt Kern zapfte derweilen Bier für die durstigen Reiterkehlen.

Etwas anders berichtet der elsässische Chronist Spinner, allerdings erst 1908, über die Ankunft und Aufnahme der deutschen Dragoner:

> »Auf dem Berge, unmittelbar vor Kröttwiller angekommen, wurden die feindlichen Reiter von Dorfbewohnern bemerkt; dieselben eilten sofort in das Dorf zurück mit dem Ruf: »De' Preisse halte uff'm Redzberg!« Eine in der Nähe befindliche Dienstmagd aus Schleithal lachte und meinte: »Hann die e Angscht, s'wärre d'Hangstknacht (Hengstknechte) sei!«
>
> Trotzdem bemächtigte sich der Bewohner des Dörfchens ein gewaltiger Schreck, zumal sich die Kunde verbreitet hatte, daß die Preußen alle wehrfähigen Männer mitnehmen würden. So kam es, daß die Reitertruppe, als sie in dem am Anfang des Dorfes liegenden Wirtshauses des Georg Kern abgestiegen war, nur ältere Leute zu sehen bekam.«

Und in das Reich der Fabel gehört wohl eine Darstellung aus dem Jahre 1915, 45 Jahre nach dem Ereignis:

> »In Trimbach (bei Croettwiller) ist Kirmes. Die ganze Einwohnerschaft ist beim Tanzplatz versammelt. Plötzlich kommen im Galopp die 12 Reiter dahergestürmt, sitzen ab, jeder ergreift eine Dorfschöne, tanzt eine Runde mit ihr. Der Graf kommandiert: »Aufsitzen« und davon jagen die Reitersmänner, bevor die Bauern noch recht begriffen haben, was der tolle Spuk bedeutet. So kann man es wenigstens noch heute im Dorf erzählen hören.«

Während die Dragoner die Pferde versorgten, ritten Graf von Zeppelin und der Gefreite Diehm 150 Meter weiter in die kleine Ortschaft, um weitere Erkundigungen über französische Truppenbewegungen einzuholen.

Am Gemeindehaus neben der Kirche war ein Plakat mit der Proklamation Kaiser Napoleons an sein Volk angeschlagen. Der im Sattel bleibende Graf machte sich daran, es abzureißen, um es als Souvenir mitzunehmen. Diehm stand wenige Schritte entfernt auf der Wegegabel und sicherte nach allen Seiten.
Da erschienen plötzlich aus Richtung Niederrödern zwei uniformierte Reiter, ein französischer Gendarm mit geschwungenem Säbel und ein Lancier mit eingelegter Lanze.

An dieser Stelle müssen wir, um die Ankunft dieser beiden französischen Reiter zu klären, in unserer Geschichte einige Stunden zurückblenden.

In Lauterburg, das die Patrouille am Vormittag passiert hatte, blieb die Aufregung groß. Vergeblich versuchte der in der Stadt diensttuende Gendarm Köhler auf der Post seiner vorgesetzten Dienststelle in Seltz telegrafisch vom Eindringen der deutschen Reiter Meldung zu machen. Als er erfuhr, daß die Leitungen zerstört worden waren – niemand war am Sonntag so schnell zur Hand, neue Masten zu setzen und Drähte zu ziehen –, schwang er sich kurz entschlossen in den Sattel. Er ritt in das sechs Kilometer entfernte Seltz, um seinem Brigadier über den Vorfall zu berichten.

Doch sehr zu seinem Ärger, kam er vor verschlossene Türen. Der Bürgermeister teilte ihm mit, daß die Seltzer Gendarmeriebrigade nach Weißenburg verlegt worden sei, um dort die Grenzsicherung zu übernehmen. Nach einer kurzen Rast bei einem kühlen Bier machte sich der Gendarm mit seinem Pferd wieder auf den Weg, mit einigen Depeschen des Bürgermeisters an den Präfekten von Weißenburg in der Tasche. Durch den Hesselbusch reitend kam er nach Niederrödern. Dort traf er mit einem Depeschenreiter namens Toussaint vom 2. Lanciers-Regiment zusammen, der ebenfalls nach Weißenburg wollte. Gemeinsam setzten sie ihren Ritt fort.

Nach einigen Kilometern kam ihnen der Croettwiller Bürgermeister Arnold entgegen. Er rief den beiden Reitern zu: »Um Himmelswillen, reitet nicht weiter, im Dorf sind zwei Preußen!« Anscheinend hatte der Bürgermeister nur Zeppelin und Diehm in der Ortsmitte, nicht aber die Reiterschar beim Gasthof Kern gesehen. Gendarm Köhler, ein in Ehren alt gewordener ehemaliger Kürassier, ließ sich jedoch nicht beeindrukken. »Eh bien, s'il n'y en a que deux, ils sont à nous!« Er zog den Säbel aus der Scheide, Toussaint legte die Lanze ein und im Galopp sprengten sie, wie bereits erwähnt, in die Ortschaft Croettwiller hinein.

Der als Posten aufgestellte Gefreite Diehm sah als erster von weitem die beiden die Dorfstraße herunter galoppierenden Reiter. Er schrie: »Alarm, Alarm!« und feuerte einen Schuß in die Luft, der auch von den beim Wirtshaus Kern abgesessenen Reitern gehört wurde. Sofort und ohne viel auf die Festigkeit der Gurte zu achten, saßen die Leutnante und die Mehrzahl der Dragoner auf und sprengten, die Säbel schwingend, in das Dorf.
Kaum hatte Graf von Zeppelin blank gezogen, als er auch schon von den Gendarmen und dem Lancier attackiert wurde. Zeppelin ritt mit seinem Pferd zwischen die beiden und hieb zunächst mehrmals auf Toussaint ein. Doch der Lancier wehrte sich tüchtig seiner Haut und stach mehrmals mit seiner Lanze zu, um den Grafen aus dem Sattel zu heben. Dieser konnte jedoch geschickt ausweichen. Der dritte Stich des Lanciers verfehlte zwar wiederum den Grafen, doch die Lanzenspitze bohrte sich tief in den Hals seines Pferdes. Da es stark blutete, mußte Zeppelin einen Augenblick vom Kampf mit dem Lancier ablassen.

Während dieser Zeit bedrängte der Gendarm den Gefreiten Diehm. Doch inzwischen waren die übrigen Offiziere und Dragoner zur Hilfe gekommen. Die beiden Franzosen erkannten die Übermacht, machten kehrt und versuchten davon zu galoppieren. Doch die deutschen Reiter hatten sie rasch eingeholt. Villiez war an die Stelle des Grafen getreten. Er hieb mit der flachen Klinge dem inzwischen wieder zurückkommenden Lancier Toussaint mehrmals auf den Kopf, so daß der schon etwas Erschöpfte rücklings vom Pferde fiel.* Trotz einer Platzwunde am Kopf

* Graf von Zeppelin behauptet in dem von ihm redigierten Bericht des Gefreiten Zilly von 1899, er selbst habe Toussaint durch »einen Hieb über den Schädel vom Pferde gehauen.«

gelang es Toussaint, bevor Villiez sein Pferd parieren konnte, über eine Hecke zu springen und durch eine Scheune in ein Bauernhaus zu flüchten. Dort versteckte ihn ein Einwohner so gut, daß der nach ihm suchende Leutnant Winsloe ihn nicht finden konnte.

In der Zwischenzeit hatten Wechmar, Gayling und Kraus sich den Gendarmen vorgenommen. Auch dieser focht tapfer und versuchte so gut wie er konnte, sich mit seinem Säbel zu wehren. Gaylings Pferd verletzte er dabei zwischen den Ohren. Doch aller Heldenmut half ihm nichts. Gayling, der gut französisch sprach, rief ihm zu: »Gendarme, rendez-vous, vous êtes perdus!« Als dem Gendarmen der Säbel aus der Hand geschlagen war, mußte er den Kampf aufgeben. Seine Pistole war ihm vorher von Villiez entrissen worden. Das erste Scharmützel der Patrouille, das in die Historie im unteren Elsaß als das »Gefecht von Croettwiller« einging, war zu Ende.

In diesem Augenblick wurde von dem beim Wirtshaus Kern zurückgebliebenen Posten erneut Alarm geschlagen. Eine feindliche Reiterabteilung sei über den Berg vor Trimbach im Anmarsch.

Rasch formierte sich die Patrouille neu. In der Mitte Graf von Zeppelin auf dem inzwischen eingefangenen Pferd des geflüchteten Lanciers, je zwei Offiziere auf den Flügeln. Der gefangene Gendarm, sein Pferd und das verwundete des Grafen blieben unter Aufsicht von zwei Dragonern zurück.

Schon während des Halts bei der Zerstörung der Telegrafenleitung hatten die Offiziere beschlossen, jede doppelt so starke feindliche Abteilung energisch anzugreifen, vor jedem darüber hinaus stärkeren Feind aber auszuweichen. Dies vor Augen trabte die Patrouille an den Ortsausgang nach Trimbach, am Wirtshaus Kern wieder vorbei. Doch so sehr man auch Ausschau hielt, von der feindlichen Reitergruppe war nichts mehr zu sehen. Diese war in etwa 800 Metern Entfernung an Croettwiller vorbeigeritten, ohne zu ahnen, was sich in der Ortschaft abspielte.

Nach einigen Minuten machten die Deutschen unter Zurücklassung einer Sicherung kehrt und ritten in den Ort zurück. Zunächst legte Leutnant von Villiez zusammen mit dem Grafen dessen immer noch blutendem Pferd eine Aderkompresse an, die er in der Satteltasche mitgeführt hatte. So konnte das Pferd zwar gerettet werden, für den Weiterritt war es aber nach dem starken Blutverlust nicht mehr zu gebrauchen.

In der Zwischenzeit hatten die anderen Offiziere damit begonnen, sich den Gendarmen vorzunehmen. In seiner Ledertasche befanden sich Handschellen und einige Haftbefehle für renitente Wehrpflichtige, die offenbar ihrer Einberufung nicht gefolgt waren, sowie die Depeschen des Seltzer Bürgermeisters an den Präfekten von Weißenburg.

Gendarm Köhler

Lancier Toussaint

Die in scharfem Ton an den Gendarmen gerichtete Frage, ob noch weiteres Militär in der Umgegend sei, wurde von ihm auf Ehrenwort verneint.

Nachdem man ihn noch nach Namen, Dienststelle, Dienstzeit und seinen Familienverhältnissen gefragt hatte, zogen sich die Offiziere einige Schritte zurück. Es wurde beratschlagt, was man nun mit ihm machen solle. Es gab die Möglichkeit, ihn frei zu lassen oder ihn mitzunehmen. In diesem Fall aber wäre er für die Patrouille bei der Durchführung ihres

Auftrags ein Hemmnis gewesen. So wurde beschlossen, den Vater von acht Kindern laufen zu lassen, sein Pferd jedoch mitzunehmen. Zeppelin sagte ihm, daß er frei sei, lobte seine tapfere Haltung und gab ihm noch ein paar Franken für die Heimreise, die er ohne sein Pferd antreten mußte.

Köhler traute seinen Ohren kaum und salutierte, als die Deutschen weg-ritten. Dabei hörte er – seine Kaltblütigkeit hatte er nicht verloren – wie der Graf zu seinen Offizieren sagte: »We want to go to the left hill on the other side of the village!« Der Gendarm, der vor seiner Militärzeit fünf Jahre in Amerika gewesen war, verstand dies und beschloß, auch darüber seinem Vorgesetzten zu berichten.

Kaum waren die deutschen Reiter in Richtung Aschbach verschwunden, ging Köhler in das benachbarte Haus des Bauern Bostetter. Dort rasierte er seinen schönen Schnurrbart ab und vertauschte seine Uniform mit Zivilkleidern, um bei einem möglichen neuen Zusammentreffen mit der Patrouille nicht erkannt zu werden. Als Bauer getarnt, fuhr er mit einem Leiterwagen in das 15 Kilometer entfernte Weißenburg. Dort berichtete er seinem Vorgesetzten, Capitaine des Gendarmes Hentz, und dem Unterpräfekten Hepp über seine Erlebnisse in Lauterburg und Croettwiller.

Dabei erzählte er auch von der in englischer Sprache geführten Unterhaltung der deutschen Offiziere und meinte, daß die feindliche Patrouille wahrscheinlich gegen Soultz oder Hunspach weitergeritten sei. Capitaine Hentz sprach dem Gendarm Köhler ein besonderes Lob aus. Hatte doch der brave und mutige Mann über 30 Kilometer in glühender Hitze hinter sich gebracht und sich mit den deutschen Reitern tapfer geschlagen!

Die Kunde von einem »Kampf in Croettwiller« war nun auch in die Nachbardörfer gedrungen. Wie im Kriege üblich, überschlugen sich die Gerüchte: eine ganze Eskadron deutscher Dragoner habe Croettwiller überfallen.

Etwa 20 Männer aus dem fünf Kilometer entfernten Oberlauterbach – an dem die Patrouille zwei Stunden vorher vorbeigeritten war – machten sich mit Flinten und Sensen bewaffnet auf den Weg, um ihren bedrängten Nachbarn zu Hilfe zu eilen. Unterwegs stießen noch fünf altgediente Soldaten aus Trimbach hinzu. Alle waren ganz enttäuscht, daß in Croettwiller keinerlei Spuren eines Kampfes mehr zu sehen waren. Die Deutschen waren schon über alle Berge. Wirt Kern mußte an diesem Abend noch viele Biere zapfen. Bis spät in die Nacht hinein gab es nur ein Thema: »Die Preußen«. Der inzwischen aus seinem Versteck wieder aufgetauchte Lancier Toussaint mußte wieder und wieder über das Kampfgetümmel berichten.

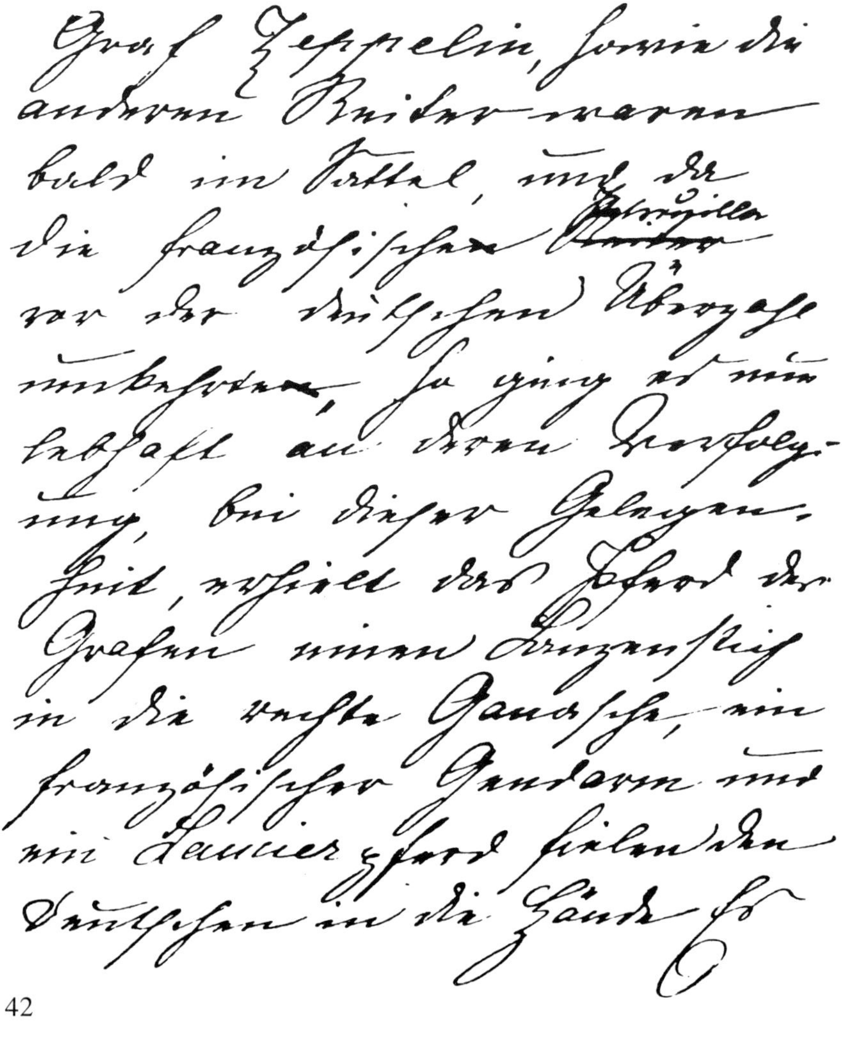
Graf Zeppelin, sowie die andern Reiter waren bald im Sulztal, und da die französischen ~~Reiter~~ Patrouillen vor der deutschen Übermacht umkehrten, so ging es nun lebhaft an deren Verfolgung, bei dieser Gelegenheit, erhielt das Pferd des Grafen einen Lanzenstich in die rechte Ganasche, ein französischer Gendarm und ein Lancier zu Pferd fielen den Deutschen in die Hände so

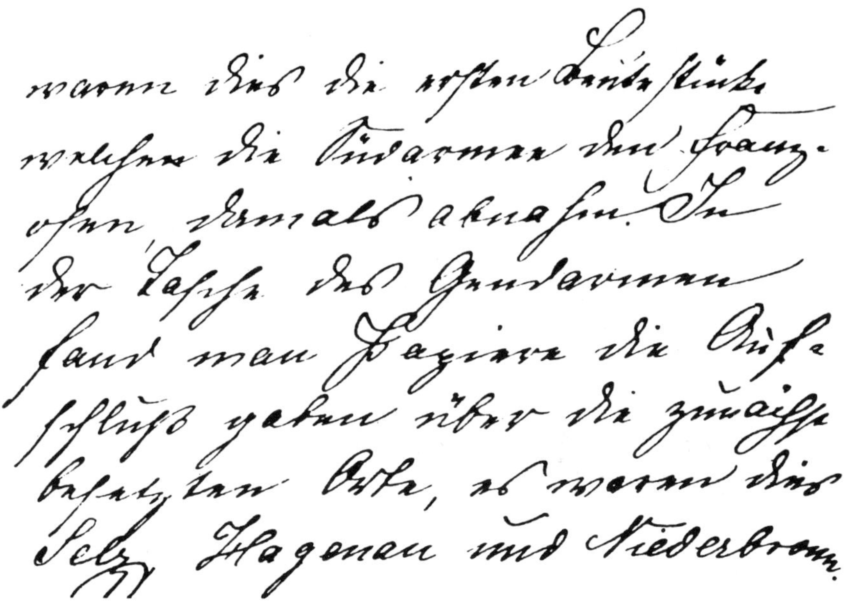
waren dies die ersten Beutestücke welche die Gendarmen den Franzosen damals abnahmen. In der Tasche des Gendarmen fand man Papiere die Aufschluss geben über die zunächst besetzten Orte, so waren dies Selz, Hagenau und Niederbronn.

Auszug aus dem Bericht des Frhr. von Villiez über den Verlauf der Patrouille (1875)

Kapitel 8

Überfall auf die Bahnstation Hunspach

Es war gegen 15.00 Uhr, als die Reiter Croettwiller verließen. Zeppelin hatte auf das erbeutete Lancier-Pferd umgesattelt. Bald stellte sich heraus, daß das ungarische Pferd nicht viel taugte und – wie Villiez in seinen Erinnerungen schrieb – der französischen Kavallerie wenig Ehre einlegte. Seines Reiters ungewohnt schlug es nach allen Seiten aus und bockte. Als der Graf dann endlich mit viel Mühe den störrischen Gaul in Trab gebracht hatte, klebte dieser ständig an den vorderen Pferden.

Da zu befürchten war, daß im Falle eines plötzlichen Zusammenstoßes mit dem Feind das Lancier-Pferd seinen neuen Herrn in Schwierigkeiten bringen würde, ließ Zeppelin südlich Trimbach kurz anhalten und versuchte es nun mit dem Pferd des französischen Gendarmen. Aber dieses Pferd war noch schlechter. Kurz vor Aschbach mußte der Seebach, ein ausgetrocknetes Rinnsal, überquert werden. Das Gendarmenpferd, zwar an Straßenritte, nicht aber an Querfeldeinritte gewöhnt, weigerte sich mehrmals den Bach zu überspringen. Unter Sporenzwang machte es dann doch einen gewaltigen Satz und landete prompt im Graben. Es kostete Zeit und Mühe, das Pferd an die jenseitige Böschung zu zerren. Zeppelin als Patrouillenführer konnte ein so wenig »geländegängiges« Pferd nicht gebrauchen. Er versuchte es nun wieder mit dem Lancier-Pferd, ließ ihm seinen Sattel und die Packtaschen auflegen und quälte sich weiter. Als Wechmar und Winsloe ihm ihre Pferde anboten, lehnte er dankend ab mit den Worten: »Dann haben zwei Rösser fremde Reiter!«

In kaum erträglicher Hitze ritt die Patrouille im Schritt über die baumlosen und zum Teil abgeernteten Getreidefelder. Nachdem die Straße

Bahnhof Hunspach

Aschbach–Seebach, das durch viele im Sommer mit Geranienkästen geschmückte alte Fachwerkhäuser bekannt ist, überschritten war, bog die Gruppe nach Nordwesten ab. An dem kleinen am Ostrand des Hausauerbachs liegenden Wäldchen entlang reitend, näherte sie sich, nach einem Marsch von acht Kilometern in knapp zwei Stunden, vorsichtig der Bahnstation Hunspach, an der eingleisigen Strecke Hagenau – Soultz – Weißenburg.

Auf der kleinen Station, etwas abseits des Dörfchens Hunspach, herrschte sonntägliche Ruhe. Bahnhofsvorsteher Warner hatte heute keinen Zug mehr zu erwarten und war mit seiner Frau nach Ingolsheim spaziert. Auf der Bank vor dem Bahnhof saßen der Weichensteller Ruby und der Streckenkontrolleur Trautmann. Sie unterhielten sich über den Inhalt der am Stationsgebäude angeschlagenen Proklamation Kaiser Napoleons und über die angeordnete Mobilmachung. Beide hofften, daß eine Einberufung an ihnen vorübergehen würde, da bei einem Einmarsch der französischen Armee in die Pfalz »ihre Eisenbahn« für den

Nachschub wohl von großer Wichtigkeit sein müsse und sie dabei noch gebraucht würden.

Da wurden sie jäh durch eine von der Seebacher Höhe heranpreschende Reiterschar erschreckt. Ruby glaubte, es sei eine Abteilung französischer Chasseurs à cheval. Doch Trautmann, der bessere Augen hatte, zog Ruby mit den Worten: »Verdammt, des sin ken Franzose, des sin Bayere« (die bekanntlich auch hellblaue Röcke trugen) in das Bahnhofsbüro hinein. Mit Herzklopfen sahen sie durch das Fenster die feindlichen Soldaten näher kommen.

An dem 50 Meter entfernten Bahnübergang – die Schranken waren hoch – machte die Patrouille halt. Zeppelin gab das Zeichen zum Absitzen. Den Gefreiten Diehm und Wittmann wurde befohlen, in 200 Metern links und rechts der Station Posten zu beziehen. Oberleutnant von Wechmar wurde mit den Gefreiten Zilly und Weiß zum Bahnhofsgebäude geschickt, mit dem Auftrag, die Telegrafeneinrichtung zu zerstören. Die übrigen Offiziere und Mannschaften erhielten Anweisung, die Telegrafenleitung zu unterbrechen und – wenn möglich – die Weiche zu blockieren. Sie machten sich gleich an die Arbeit.

Bei Lauterburg hatte man ja schon Erfahrungen gesammelt, wie dies am zweckmäßigsten zu bewerkstelligen sei. Das Umhacken der harten Stangen war zu zeitraubend gewesen. So kletterten die Dragoner Kraft und Kraus auf zwei benachbarte Stangen und schlugen einfach die Drähte ab. Dann wurde versucht, die Weiche zu zerstören. Doch dies war vergebliche Mühe; es fehlte, obwohl man Trautmanns an der Bank liegenden großen Schraubenschlüssel gefunden hatte, einfach am geeigneten Handwerkszeug.

Kurz unterbrochen wurden ihre dilettantischen Versuche durch die resolute Frau des Bahnwärters Schneider. Sie kam aus dem Wärterhäuschen herausgestürmt und soll, wie Spinner in seinem Buch berichtete, wütend geschrien haben: »He do, was mache-ner denn ihr Nun de Die (Fluchwort »nom de Dieu«), ich loss aich e Proceverwal (Protokoll) mache!« Doch einige kräftige Worte der Dragoner trieben die Frau in das Bahnwärterhäuschen zurück.

Mittlerweile waren die Gefreiten Zilly und Weiß und der Oberleutnant von Wechmar in das Stationsgebäude gegangen. Mit vorgehaltener Pistole fragte Wechmar die erschrockenen Bahnbeamten, wo der Telegrafenapparat stehe. Stumm wies Ruby auf den hinteren Raum. Hilflos mußte er zusehen, wie die beiden Dragoner mit dem Feldbeil die gesamte Telegrafenapparatur kurz und klein schlugen. Doch damit nicht genug. Zilly zerstörte auch noch die zum Telegrafierbetrieb notwendigen Batterien, so daß Glasscherben und Säure bald den Fußboden des kleinen Raums bedeckten. Zilly, der nach dem Kriege Postverwalter in Söllingen wurde, erzählte noch oft in später Runde, daß er in der Station Hunspach damals »seinen ersten postalischen Unterricht im Telegrafieren« genommen habe!

Wechmar raffte noch einige auf dem Tisch liegende Depeschen und Papiere zusammen und verließ das Bahnhofsgebäude. Die vor Wut kochenden Elsässer ließ er zurück. Zum ersten Mal in ihrem Leben war ihnen der Krieg in seiner ganzen zerstörerischen Kraft entgegengetreten. Doch im Augenblick waren sie froh, daß ihnen selbst nichts geschehen war.

Mit der Meldung: »Auftrag ausgeführt« kam dann Wechmar zur Patrouille zurück. Alle waren zufrieden, ja sogar stolz darauf, die Telegrafenlinie so gründlich unterbrochen zu haben. Je weniger Nachrichten über das Erscheinen der deutschen Patrouille im Elsaß durchgegeben werden konnten, desto ungehinderter konnte sie ihren Aufklärungsauftrag fortsetzen. Graf von Zeppelin drängte nun zum Aufbruch. Die »Aktion Eisenbahnstation« hatte doch über eine Stunde in Anspruch genommen, vor allem auch deshalb, weil man noch die Pferde an dem Bahnhofsbrunnen getränkt hatte. Das nahe gelegene Hunspach wurde gemieden und nördlich umgangen. Zwei Kilometer südwestlich Ingolsheim wurde die Straße Weißenburg – Straßburg überquert; es war eine alte Heerstraße, die schon von den Römern auf ihrem Vormarsch nach Norden benutzt worden war. Nach 800 Metern erreichte die Patrouille die am Rand des Schoenenbourger Waldes gelegene Gehöftegruppe Oberhof.

Kapitel 9

Verfehlte Lanciers-Jagd auf die Deutschen

Der Patrouille war entgangen, daß sie beim Überqueren der Straße von zwei Ingolsheimer Bauern gesehen worden war, die auf dem Weg nach Schoenenbourg waren. Diese hatten sich eiligst hinter einen großen Nußbaum versteckt, da sie als alt gediente Soldaten erkannt hatten, daß die uniformierten Reiter keine Franzosen waren.

Sie gingen nach Ingolsheim zurück, wo sich inzwischen auch der Überfall der Deutschen auf Croettwiller und die Station Hunspach herumgesprochen hatte. Eiligst wurde im Dorfe beratschlagt, was nun zu tun sei. Es wurde beschlossen, einen tüchtigen Reiter auf einem guten Pferd in das sechs Kilometer entfernte Soultz zu schicken, um die dortige Gendarmeriestation zu benachrichtigen. Die Wahl fiel auf einen jungen Mann namens Billmann. Er erhielt das Pferd des Bauern Grossel, das im benachbarten Schleithal schon öfters Rennen gelaufen war und galoppierte nach Soultz. Dort teilte er aufgeregt dem Gendarmen Leibig mit, daß vor gut einer Stunde deutsche Reiter in den Schoenenbourger Wald geritten seien. Der Gendarm überlegte nicht lange, ritt mit Billmann zum Bahnhof und fragte nach dem Chef der dort biwackierenden Eskadron des 2. Lanciers-Regiments. Ungläubig vernahm dieser die Nachricht aus dem Munde des Ingolsheimer Bauern. Doch er ließ seine sechzig Mann starke Einheit sofort alarmieren und aufsitzen.

Im Trab ging es nach Schoenenbourg, der Gendarm und Billmann hinterdrein. Die Dorfbewohner wurden ausgefragt, doch niemand hatte die deutschen Reiter gesehen. Da es bald dunkel werden würde, ließ der Capitaine seine Eskadron zusammen. Es wäre jedoch zweckmäßiger gewesen, sie in mehrere Abteilungen aufzugliedern, um eine breiter gefächerte Suchaktion durchführen zu können. Der Schoenenbourger Wald wurde – wieder ein Fehler – nicht durchritten, sondern auf der Westseite umgangen. Vor Ingolsheim kam die französische Eskadron wieder auf die Landstraße. Unverständlicherweise wurde die Suche nach den Dragonern wegen der eingetretenen Dunkelheit nun ganz aufgegeben. Die Lanciers traten den Rückmarsch in ihr Quartier nach Soultz an.

Sie ritten, wie noch zu erfahren sein wird, an Teilen der deutschen Patrouille vorbei, ohne zu ahnen, daß die Masse der Deutschen im Nordteil des Forstes saß. Es ist auch nicht zu begreifen, warum der Eskadronschef, nach seiner Rückkehr nach Soultz, seinen Regiments-Kommandeur nicht in der Nacht noch informierte. Erst nach dem Kriege erfuhren Zeppelin und die Dragoner, in welcher Gefahr sie damals gewesen waren.

Kapitel 10

Leutnant von Gaylings verwegener Nachtritt über die Bienwald-Brücke

Seit dem Aufbruch aus den Quartieren am frühen Morgen hatten die Reiter in hochsommerlicher Hitze rund vierzig Kilometer im Sattel zurückgelegt. Ihre Gesichter waren gezeichnet von den Anstrengungen und Aufregungen des Tages. Die Pferde waren müde, staub- und schweißverkrustet. Der Fernpatrouillenführer entschloß sich daher, hier in Oberhof einen längeren Halt einzulegen, die Pferde zu versorgen, um dann in dem nahegelegenen Schoenenbourger Wald die Nacht zu verbringen. Er befahl den Dragonern, die Pferde zu füttern und ausgiebig zu tränken. Doch der Brunnen des Gehöfts war ausgetrocknet. Der zu der Gruppe hinzugekommene Bauer Georg Fenner wußte Rat. Er erklärte sich bereit, mit seinem Fuhrwerk Wasser aus einem nahegelegenen, noch nicht ganz ausgetrocknetem Bach zu holen. Dies nahm viel Zeit in Anspruch. Der Vorschlag, mit allen Pferden dorthin zu reiten, wurde mit Rücksicht auf die Sicherheit der Patrouille verworfen.

Während die Mannschaften den Pferden die Freßbeutel umhingen, versammelte Zeppelin seine Offiziere um sich. Auf der Treppe eines Bauernhauses sitzend teilte er ihnen mit, daß das Generalkommando in Karlsruhe nun unbedingt eine Zwischenmeldung erhalten müsse. Er wolle dem Kommandeur der Badischen Felddivision das bisher Erkundete zur Kenntnis bringen. Niemand könne wissen, was der kommende Tag bringen werde. Mit Sicherheit würden die französischen Militärbehörden bald Kenntnis von dem Auftauchen der deutschen Fernpatrouille haben und auf sie Jagd machen. Die schriftliche Zwischenmeldung wurde schnell entworfen und dürfte wie folgt gelautet haben:

Fernpatrouille
Graf von Zeppelin

Oberhof bei Soultz
24ten Juli 1870
8.00 Uhr abends

An Gen. Kdo.
Badische Felddivision

1) *Patrouille hat 7.00 Uhr abends Straße Soultz–Weißenburg erreicht, ohne auf feindliche Truppenteile zu stoßen.*
   In Croettwiller Scharmützel mit einem Gendarmen und einem Lancier des zum Streifendienst im Raum Soultz-Seltz eingesetzten 2. Lanciers-Regiments.
2) *Aufmarsch feindlicher Truppen gegen die Lauterlinie nicht erkennbar.*
3) *Nach Aussagen von Dorfbewohnern sollen bei Hagenau frz. Truppen stehen, darunter auch Algerier, und Kolonnen verschiedener Waffengattungen auf dem Marsch nach Bitche sein.*
4) *In Niederbronn soll frz. Kavallerie ausgeladen worden sein.*
5) *Patrouille setzt im Morgengrauen des 25. 7. Aufklärung gegen Soultz und Wörth im Sauertal fort.*

gez.
Zeppelin

Schwieriger war die Auswahl des Offiziers, der die Meldung nach Karlsruhe zurückbringen sollte. Auf die Frage, wer sich freiwillig meldete, antwortete nur betretenes Schweigen. Jetzt, wo es anfing, spannend zu werden, wollte keiner zurück. Graf Zeppelin schaute Leutnant von Gayling an: »Gayling, Sie sind der Jüngste. Sie reiten mit Kraft und Gerber über die Grenze zurück und bringen die Meldung nach Karlsruhe. Dabei nehmen Sie mein lädiertes Pferd und den Gendarmengaul mit!« Dieser Auftrag war durchaus nicht nach dem Geschmack des jungen Kavallerieoffiziers, der aus Passion zum Reiten 1868 sich von der Feldartillerie zum 3. Dragoner-Regiment, genannt die »Schwarzen Dragoner«, hatte versetzen lassen. Seine Enttäuschung spiegelt sich in seinen Erinnerungen wider:

»Mir als Jüngstem unter den Kameraden fiel die Aufgabe zu. Alles Remonstrieren half nichts, keiner wollte statt meiner gehen und so mußte ich mit Tränen Abschied nehmen und als Soldat gehorchen. Mein Rückweg wurde mir über die Bienwald-Brücke* bezeichnet, während meine Kameraden voraussichtlich erst jetzt den Kriegsgefahren entgegengingen!«

Graf von Zeppelin forderte Gayling auf, seinen Auftrag mit Umsicht, Schneid und, wenn es sein müßte, auch mit Rücksichtslosigkeit durchzuführen und keine Zeit zu verlieren. Die in Neewiller dem Briefträger und in Croettwiller dem Gendarmen Köhler abgenommenen Papiere und Depeschen wurden in der Satteltasche verstaut. Pferd, Säbel und Pistole des Gendarmen wurden als »Kriegsbeute« mitgenommen. Gegen 9.15 Uhr brach Gayling mit den Dragonern Kraft und Gerber auf, begleitet von den guten Wünschen seiner Kameraden und einem »Auf baldiges Wiedersehen in Karlsruhe, spätestens übermorgen!« Niemand ahnte in dieser Stunde, daß sich die badischen Dragoneroffiziere erst nach dem Kriegsende wiedersehen sollten und daß einer von ihnen von dem Ritt nicht mehr zurückkehren würde.

Die drei Reiter benutzten zunächst die Hauptstraße nach Ingolsheim; wegen der nun eintretenden Dunkelheit vermieden sie es, querfeldein zu reiten. Sie waren eine Viertelstunde unterwegs, als Gayling kurz vor dem Dorf eine größere Gruppe Reiter bemerkte, die ihnen entgegenritten. Sofort verließ er mit seinen Dragonern die Landstraße. Hinter einer schützenden Nußbaumgruppe hielten die Deutschen an und warteten, bis die feindlichen Reiter vorüber waren. Die größte Gefahr für sie bestand darin, daß sie sich durch das Wiehern ihrer Pferde verrieten. Es war die schon erwähnte Eskadron Lanciers, die in einer Distanz von 150 Metern ahnungslos an den badischen Dragonern vorbeiritt. Gayling konnte sogar Gesprächsfetzen der an der Spitze reitenden Offiziere hören.

Er überlegte, ob er seine im Oberhof zurückgebliebenen Kameraden vor den Lanciers warnen solle. Doch eingedenk seines Auftrags, schnellstens die Meldung nach Karlsruhe zu bringen, nahm er von einer zeitraubenden Benachrichtigung Abstand.

* 10 km süd-ostwärts Weißenburg, siehe Faltkarte am Schluß des Buches.

Bienwaldmühle

Mit Herzklopfen, aber auch mit Erleichterung, wurde weitergeritten. Im Galopp ging es durch den Nordteil von Ingolsheim. Die mitgeführten Pferde des Grafen und des Gendarmen machten dabei gottlob keine Schwierigkeiten. Abwechselnd in Trab und Schritt fallend ging es weiter. Vor Riedseltz verließen sie die alte Heerstraße, überquerten bei der Ziegelei die Eisenbahn und ritten auf Schleithal zu. Die Nacht war inzwischen eingebrochen, doch für den Ritt auf den Feldwegen war es noch immer hell genug. Beim Durchqueren des langgestreckten Straßendorfs wurden sie von Einwohnern bemerkt. Doch ehe diese in größeren Scharen zusammenlaufen konnten, waren die Reiter wieder in der Dunkelheit verschwunden.

Kurz vor der über die Lauter führenden Bienwald-Brücke trafen sie auf zwei Bauern. Gayling erkundigte sich nach dem Weg zur Bienwald-Brücke und fragte, ob sie besetzt sei. Er erfuhr von den Elsässern, die die Reiter in der Dunkelheit nicht als Deutsche erkannten, daß an der Brücke einige Douaniers Wachdienst hätten.

Da es weit und breit keine andere Brücke über die Lauter gab und hier die deutsche Grenze am nächsten lag, beschloß der Leutnant, Finsternis und Überraschung auszunutzen und einfach auf den Zollposten loszureiten. Es war zu hoffen, daß die französischen Zöllner in der Dunkelheit Freund und Feind nicht unterscheiden könnten. Den beiden Dragonern gab er die Instruktion, sich etwa 30 Meter hinter ihm zu halten. Wenn sie ihn nicht schießen hörten, sollten sie dann im Galopp an ihm vorbei auf die Lauterbrücke zureiten. Der gefährlichste Moment des Ritts war gekommen!

Der weitere Verlauf des nächtlichen Überraschungscoups an der Bienwald-Brücke ist von Gayling in seinen Erinnerungen wie folgt geschildert worden:

> »Vor das Douaneriehäuschen gelangt, sahen wir etwa 7 Mann gemüthlich an einem Tisch – ihre Gewehre hatten sie in Pyramide gestellt –, ich begrüßte dieselben mit »bonjour, messieurs«, eine unzweideutige Bewegung mit dem Revolver machend, sie erwiderten meinen Gruß – mittlerweilen sprengten meine beiden Dragoner mit den Handpferden hinter mir durch, entschwanden in einem Torbogen, von wo aus sie auf die Brücke über die Lauter gelangten. Noch einen kurzen Gruß und ich fegte ihnen nach, während uns von dem überraschten Feind einige Schüsse nachgesandt wurden.«

Alle atmeten auf, als der heimatliche Boden erreicht war und der gefährliche Teil des Ritts hinter ihnen lag. Langsam ging es durch den dunklen Bienwald erst einige Kilometer nach Osten, dann über Büchelberg nach Norden. Die Gegend war den Reitern aus Manövern und von Patrouillenritten längs der Grenze nicht unbekannt. Immer und immer wieder unterhielten sie sich darüber, wie man den Douaniers ein Schnippchen geschlagen hatte. Nach Mitternacht kam Gayling in Minfeld an. Er hatte den kleinen Umweg gewählt, weil er wußte, daß die Eskadron seines Bruders dort im Quartier lag. Die Dragoner Kraft und Gerber waren bald untergebracht und die Pferde in eine Scheune eingestellt.

Der Bruder Gaylings war sehr verwundert, als er unsanft geweckt wurde und sah, wen er vor sich stehen hatte. Beim kühlen bayerischen Bier – es blieb nicht bei einem Glase – erzählte der glücklich Zurückgekehrte von

Leutnant Frhr. Gayling von Altheim überrumpelt die Douaniers an der Bienwald-Brücke

seinen Erlebnissen im Feindesland. Alle Müdigkeit war im Augenblick verscheucht. Doch sein Auftrag ließ ein langes Verweilen nicht zu. Da in den letzten zwanzig Stunden rund siebzig Kilometer zurückgelegt worden waren, ließ er alle Pferde mit den beiden Dragonern zurück. Er gab ihnen die Weisung, am nächsten Morgen zum Regiment nach Beiertheim zurückzukommen.

Er selbst trieb einen Bauern auf, der ihn in das 15 km entfernte Karlsruhe fahren mußte. Unterwegs ab und zu einnickend, traf der Leutnant zwischen vier und fünf Uhr im General-Kommando der Badischen Felddivision ein, das in dem früheren Cadettenhaus Quartier bezogen hatte.

Er fragte den Offizier vom Dienst nach dem Chef des Stabes, dem er eine Meldung der Zeppelinschen Fernpatrouille zu übergehen habe. Doch barsch wurde ihm mitgeteilt, daß der Chef des Stabes nur bei besonders wichtigen Ereignissen und Meldungen geweckt werden dürfe. Er habe bis spät nach Mitternacht gearbeitet. Enttäuscht über die »hohen Herren« gab von Gayling die schriftliche Meldung des Grafen von Zeppelin, die erbeuteten Papiere und die Depeschen dem diensttuenden Offizier. Ob er in diesem Augenblick seiner Enttäuschung auch den Säbel und die Pistole des Gendarmen abgeliefert hat, ist nicht bekannt.

Als der Chef des Stabes, Oberstleutnant von Lesczynski, am anderen Morgen die Zeppelin-Meldung auf seinem Tisch fand, war er sehr ungehalten, daß man ihn bei der Ankunft Gaylings nicht geweckt hatte. Der von dem Leutnant mit Geschick und Kühnheit so rasch zurückgebrachte Rapport der Patrouille war für das General-Kommando der Badischen Felddivision, besonders aber für die Armee, von großer Wichtigkeit.

Es stand nun fest, daß die vorderste französische Front keinesfalls weiter ostwärts als in der Linie Hagenbach – Weißenburg verlief, und daß mit einer französischen Offensive über die Lauter in die Pfalz hinein für die nächsten Tagen nicht zu rechnen sei.

Im Kriegstagebuch der Badischen Felddivision wurde unter dem 24. 7. 1870 vermerkt:

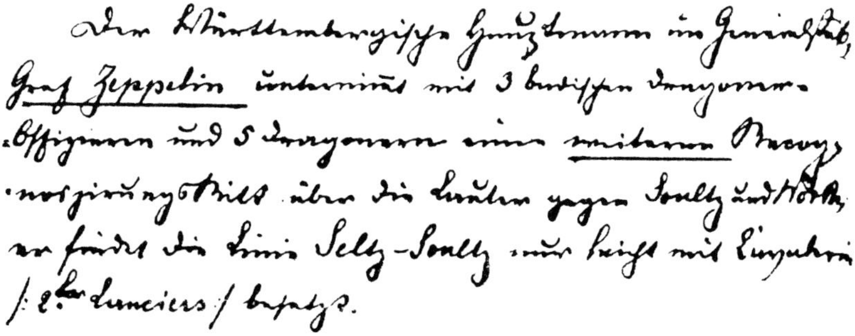

Der Württembergische Hauptmann im Generalstab, Graf Zeppelin unternimmt mit 3 Badischen Dragoner-Offizieren und 5 Dragonern einen weiteren Recognoszierungs-Ritt über die Lauter gegen Soultz und Wörth, er findet die Linie Seltz-Soultz nur leicht mit Cavalerie/: 2^{te}Lanciers :/ besetzt.

Generallandesarchiv Karlsruhe Abt. 456 E V 4, Band 49

Leutnant von Gayling ließ sich von dem Bauern noch weiter nach Beiertheim fahren, um sein Quartier aufzusuchen. Aber kurz vor seinem Ziel kam ihm sein Regiment, das gerade zum Exerzieren ausrückte, entgegen. Rasch entschlossen entließ er den Bauern, ließ sich ein Pferd geben und meldete sich bei seinem Regimentskommandeur zurück.

Obwohl müde und gerädert – er hatte in den letzten 24 Stunden fast 100 Kilometer zurückgelegt –, machte er das Regimentsexerzieren noch bis zum Mittag mit. Seine Gedanken dürften dabei mehr bei seinen zurückgelassenen Kameraden als beim Exerzieren gewesen sein. Er sollte jedoch bald Gelegenheit zu neuem Einsatz erhalten. Elf Tage später, am 4. August, ritt er, dieses Mal mit seinem Regiment, wiederum bei Schleithal über die Grenze nach Frankreich hinein und der Schlacht von Woerth entgegen.

Kapitel 11

Unruhige Nacht im Schoenenbourger Forst

Kehren wir zurück zu der im Oberhof verbliebenen Patrouille. Dort waren inzwischen die Pferde gefüttert und getränkt worden. Die Reiter hatten von den Bewohnern, die sich vom ersten Schreck erholt hatten, Weißbrot und frische Milch erhalten. Besonders erfreut und dankbar waren sie, als Bauer Fenner, der das Wasser für die Pferde geholt hatte, noch mit einem Krug Wein ankam. Es war zwar nicht der »Tokayer«, von dem der Graf beim Wegreiten in Hagenbach gesprochen hatte, doch die Reiter glaubten, nach den Anstrengungen des Tages, noch nie einen besseren Tropfen getrunken zu haben.

Zeppelin drängte auf einen raschen Aufbruch. Jeder längere Aufenthalt konnte gefährlich werden. Die Patrouille war bereits mehr als 20 Kilometer tief in das untere Elsaß eingedrungen. Die Kunde davon hatte mit Sicherheit inzwischen die französischen Militärbehörden erreicht. Man mußte damit rechnen, daß erste Maßnahmen zur Suche nach den deutschen Reitern eingeleitet waren.

Um für den nächsten Tag wieder frisch zu sein, wurde beschlossen, im Nordteil des nahegelegenen Schoenenbourger Waldes die Nacht zu verbringen. Mit einbrechender Dunkelheit erreichte man den Forst. Er erwies sich für ein nächtliches Versteck als besonders geeignet, da er ein dichtes Unterholz hatte.* Mit dem Säbel in der Faust brachen einige

* Es war just die Stelle, wo 70 Jahre später im 2. Weltkrieg Heer und Luftwaffe der Deutschen Wehrmacht vergeblich versucht hatten, das 600 Mann starke Werk »Schoenenbourg« der Maginotlinie einzunehmen!

Nächtliche Rast im Schoenenbourger Forst

Dragoner eine Bahn durch das Gestrüpp. Die Pferde wurden an die Bäume gebunden; um sie ruhig zu halten, wurde ihnen der Freßbeutel mit einer kleinen Ration Hafer umgehängt. Es wurde nicht abgesattelt, nur die Gurte wurden gelockert. Man mußte in der Lage sein, im Augenblick der Gefahr jederzeit davonzureiten.

Danach wurden für die kurze Nacht die Wachen eingeteilt. Abwechselnd sollte ein Offizier mit einem Dragoner für jeweils eine Stunde am Rande des Gehölzes das etwas tiefer liegende Gelände beobachten. Oberleutnant von Wechmar und sein Bursche Zilly bezogen als erste ihren Posten. In unmittelbarer Nähe war alles ruhig. Nur in der Ferne, in den umliegenden Dörfern, glaubten sie eine außergewöhnliche Unruhe zu bemerken. Man hörte Rufen, Hundegebell und sah ein Hin und Her von Lichtern.

Wechmar ahnte nicht, daß die Lanciers-Eskadron, die so nahe an Leutnant von Gayling vorbeigeritten war, auf ihrem Rückmarsch nach

Soultz, nur tausend Meter von ihm entfernt, in die Quartiere trabte. Zum Glück kam noch hinzu, daß die Lanciers die Nacht über am Biwackfeuer sitzen sollten und keine weitere Suche mehr unternahmen.

Der Rest der Patrouille streckte sich auf dem rauhen Waldboden hin und versuchte zu schlafen. Aber trotz der übergroßen Müdigkeit gelang das nur wenigen. Zu groß waren die Aufregungen, zu tief die Erlebnisse gewesen. Die Nerven waren überreizt. Hinzu kam das unterschwellige Bangen, jeden Augenblick von den Franzosen entdeckt und überfallen zu werden. Auch die Ungewißheit des kommenden Tages lastete auf den deutschen Soldaten. Die nächtliche Abkühlung war zwar angenehm, doch plagten Schnaken und Fliegen Roß und Reiter.

Auch die Leutnante Villiez und Winsloe konnten keinen Schlaf finden. Sie steckten sich eine Zigarre an und unterhielten sich im Flüsterton. Winsloe berichtete von den erlebnisreichen Tagen seines Genesungsurlaubs in Karlsbad. Auf die Nachricht von der Mobilmachung hatte er aus eigenem Entschluß die Kur abgebrochen und war zu seinem Regiment geeilt. Er erzählte Villiez, daß er sich in der böhmischen Stadt verlobt habe, und zeigte im kargen Licht der glimmenden Zigarre ein Foto von seiner Braut. Er sprach von den Zukunftsplänen, die sie zusammen geschmiedet hatten. Winsloe konnte in dieser nächtlichen Stunde nicht ahnen, daß er schon am nächsten Nachmittag sterben mußte.*

Auch Graf von Zeppelin dachte an seine junge Frau. Vor Jahresfrist hatte er die Freiin Isabella von Wolff aus dem Haus Altschwanenburg in Berlin geheiratet. Wielange der Krieg wohl dauern würde, bis er sie wiedersehen würde?

Bald aber waren seine Gedanken wieder bei seinem Erkundungsauftrag. Unwillkürlich erinnerte er sich an seinen ersten Aufstieg mit einem Fesselballon in Amerika im Jahre 1863. Von einem solchen Ballon aus hatte man doch einen ganz anderen und viel weiteren Blick in das Feindgelände. Vom Rücken des Pferdes sah man gerade nur bis zum nächsten Waldrand.

* Leutnant Frhr. von Villiez hat bei der 40-Jahrfeier des Patrouillenritts in Schirlenhof im Jahre 1910 dieses nächtliche Zwiegespräch mit bewegten Worten geschildert.

Damit waren seine Überlegungen wieder bei der Patrouille. Das als Ration mitgeführte trockene Büchsenfleisch kauend, dazu einen Schluck Kognak trinkend, machte er sich Gedanken darüber, wie weit er wohl morgen mit seinen Dragonern vordringen konnte, ohne Gefahr zu laufen, vom Rückweg abgeschnitten zu werden. Sein Auftrag war, bis in den Raum Woerth vorzureiten und festzustellen, wieweit sich ein französischer Aufmarsch zwischen Sauer, Rhein und Lauter vollzogen hatte. Da seine Patrouille bis jetzt noch nicht auf feindliche Verbände gestoßen war, erschien es ihm notwendig, über Woerth hinaus bis zur Bahnlinie Hagenau–Niederbronn aufzuklären, denn diese von Straßburg kommende Strecke war für den Aufmarsch des Mac Mahonschen Korps von besonderer Bedeutung.

Er faßte daher den Entschluß, selbständig seinen Auftrag zu erweitern und bis Gundershoffen, fünf Kilometer südlich Niederbronn, vorzureiten. Die etwa 20 Kilometer entfernte Eisenbahnstation konnte man gegen Mittag erreicht haben. Da auch die Weisung bestand, bis 26. Juli früh wieder zurück zu sein, glaubte der Graf mit weiteren 16 Stunden genügend Zeit zu haben, um auf direktem Wege die Grenze erreichen zu können.

Als der Morgen dämmerte, gab er den Befehl zum Aufbruch. Alle waren froh, daß es nunmehr wieder weiter ging und daß man das nun wirklich nicht geheuere Versteck verlassen konnte. Mit steifen Gliedern stiegen die Reiter in die Sättel. In dem drei Kilometer entfernten Birlenbach wurde der erste Halt eingelegt, um die Pferde zu tränken. Die zum Kleemähen in das Feld gehenden Bauern trauten ihren Augen nicht, als sie kurz nach fünf Uhr Reitern in unbekannten Uniformen begegneten, die in ihr Dorf trabten.

In Birlenbach gab es beim Landwirt Scherr Wasser für die Pferde. Die Einwohner brachten den übernächtigten Reitern heißen Kaffee und Brot. Als die Dragoner dafür bezahlen wollten, lehnten die Birlenbacher dies mit einem »Vergelt's Gott!« ab. Kurz nach sechs Uhr trabte die Patrouille, die nach dem Wegritt Gaylings noch vier Offiziere und fünf Dragoner zählte, gestärkt und guten Mutes in Richtung Keffenach weiter.

Kapitel 12

Woerth – schicksalhafte Überschreitung des Auftrags

Das nächste Ziel war Woerth an der Sauer. Zeppelin und seine Reiterschar hatten es nun mit schwierigeren Verhältnissen als am Vortage zu tun. Die französischen Behörden in Soultz und Weißenburg waren alarmiert worden. Das 2. Lanciers-Regiment hatte am frühen Morgen den Befehl erhalten, mehrere Eskadronen zum Aufsuchen der Eindringlinge einzusetzen. Im Laufe der Nacht hatte sich die Nachricht vom Auftauchen deutscher Kavallerie wie ein Lauffeuer auch in den Dörfern ausgebreitet. Die wildesten Gerüchte schwirrten durch die Gegend. Wie unruhig und aufgeregt, ja falsch informiert die Bevölkerung war, gibt ein zeitgenössischer Bericht eines Woerther Einwohners wieder, der der Originalität halber im Auszug wörtlich zitiert wird:

»Man kann sich denken, wie das Erscheinen dieser Reiterschar wirkte: wie ein Blitz aus heiterem Himmel. Und ein Schrecken wurde hervorgerufen, von dem man sich keine Vorstellung machen kann...
So sprengte auch gegen 10.00 Uhr morgens ein Mann einer Annexe von Lembach in unser Dorf im sausenden Galopp mit dem Rufe: »Die Preußen sind in Birlenbach, sie sengen und brennen und bringen alles um.«
In einigen Minuten war das Erntefeld in Lembach menschenleer und während die einen noch ratlos beieinander standen, fingen die anderen schon an, Geld und Habseligkeiten zu verstecken und zu vergraben.
Um Mittag kam der brave Mann zum zweiten Mal um als Ehrenmann zu sagen, daß er belogen worden sei: die Preußen seien zwar durch

Birlenbach geritten, »awwaer gemacht han' se nix« …
Man hatte nun allenthalben einen gewaltigen Respekt vor den Preußen, die es wirklich wagten, die Grenze zu überschreiten…«

Mit besonderer Vorsicht ritt die Patrouille weiter. Leutnant Winsloe, der die Gegend um Woerth ja von seinen früheren Jagdausflügen kannte, übernahm mit dem Gefreiten Zilly die Spitze. Die Offiziere hatten ihre Pistolen griffbereit, die Dragoner die Karabiner quer über dem Sattel. Als sie Memmelshoffen durchtrabten, zeigten sich die Einwohner erstmalig wenig freundlich. Die Frauen versteckten sich hinter den Fensterläden, die Männer ballten stumm die Fäuste. Nach diesem fast feindseligen Verhalten beschloß die Patrouille, bis zum Rand des Sauertals alle Ortschaften zu meiden. Der Großwald wurde durchritten, Lampertsloch südlich und Preuschdorf nördlich umgangen. Das vorsichtige Reiten auf den Feld- und Waldwegen verschlang aber kostbare Zeit.

Nach einem Ritt von 15 Kilometern, von Birlenbach ab gerechnet, näherte sich die Patrouille gegen 9.30 Uhr Woerth. Auf der Höhe nördlich Dieffenbach ließ Graf Zeppelin unter einer Baumgruppe anhalten. Wie ein Panorama lag das Sauertal und die Stadt Woerth vor ihnen. Dahinter, auf den jenseitigen Höhen, leuchteten die Häuser von Elsaßhausen und Froeschwiller in der gleißenden Sonne. Niemand ahnte, daß von dieser Stelle aus Kronprinz Friedrich Wilhelm von Preußen als Oberbefehlshaber der 3. Armee zwölf Tage später eines der entscheidensten Gefechte des Krieges leiten würde, und daß sich hier Franzosen und Deutsche eine der blutigsten Schlachten ihrer Geschichte liefern würden: Mit 20000 Toten und Verwundeten innerhalb von zehn Stunden auf einer Breite von knapp sieben Kilometern!

Wie bereits erwähnt, war Zeppelin entschlossen, unter Nichtachtung des ihm erteilten Befehls, über Woerth hinaus aufzuklären. Mit seinen Offizieren besprach er deshalb den weiteren Weg. Auf seiner Karte waren als Übergänge über die Sauer nur eine Brücke in Woerth und eine bei der drei Kilometer südlich gelegenen Brückmühle eingezeichnet. Die Benutzung dieser Brücke abseits einer Ortschaft erschien weniger gefährlich, war aber mit einem größeren Zeitverlust verbunden. Ein Durchreiten von Woerth hätte neben dem Vorteil des Zeitgewinns auch die Möglichkeit, die Einwohner über Bewegungen und Stationierung französischer Truppen auszufragen. Leutnant Winsloe gab zu bedenken, daß in dieser Ortschaft nach seiner Kenntnis ein stärkerer Gendarmerieposten sei und daß man auch mit französischen Truppen rechnen müsse. Aber die Mehrzahl der Offiziere war dafür, das Risiko in Kauf zu nehmen.

Die Kunde von ihrer Ankunft war den Deutschen aber schon nach Woerth vorausgeeilt. Bauern, die mit der Ernte beschäftigt waren, hatten sie bei ihrem Halt auf der Dieffenbacher Höhe gesehen. Einer von ihnen schwang sich auf sein Pferd und galoppierte in die nahe Stadt. Er schrie: »Die Preußen kommen, die Preußen kommen!«

Vorsichtig, nach allen Seiten spähend war die Patrouille den Hang hinab über die alte Steinbrücke beim Schloß in das Städtchen, das einst Münzstätte des Geschlechts der Lichtenberger war, eingeritten. Als die Woerther sahen, daß die Fremdlinge friedlich daherkamen, legte sich ihre Aufregung. Bei einigen siegte sogar die Neugier über die Furcht. Sie kamen aus den Häusern, um die fremden Reiter aus nächster Nähe zu sehen.

An der evangelischen Kirche traf Leutnant Winsloe auf einen uniformierten Mann. Er meinte, den Briefträger vor sich zu haben und versuchte, ihm die Tasche zu entreißen. Doch bald stellte sich heraus, daß es der Förster Douvier war, der von einem Waldgang zurückkam. Die übrigen Mitglieder der Patrouille waren inzwischen am Rathaus angelangt. Dort erfuhr Leutnant von Villiez vom Bürgermeister – allerdings nur unter Drohung mit der Pistole –, daß in Niederbronn Chasseurs à cheval, aus Paris kommend, ausgeladen worden waren. Nachdem sie noch den Weg nach Froeschwiller erfragt hatten, ritten sie weiter.

Oberleutnant von Wechmar übernahm jetzt die Spitze. Als er noch innerhalb des Orts eine Gendarmeriekaserne mit der üblichen Blechfahne in den Landesfarben vor sich sah, bog er mit der Patrouille nach links auf die Hagenauer-Straße ab. Am Südausgang von Woerth ritten sie dann nach rechts den Hirschberg hinauf. Oben angekommen trafen sie einen Woerther namens Folz. Auf die Frage, ob dies der richtige Weg nach Froeschwiller sei, meinte Folz, es sei zwar nicht der nächste Weg, er führe aber über Elsaßhausen auch dorthin. Bald waren die Reiter seinen Augen entschwunden.

Gendarm Frey auf dem Weg von Woerth nach Niederbronn zur Alarmierung der 12. Chasseurs

In Woerth liefen die Einwohner nun doch in Scharen auf die Straße. Ihre Aufregung war groß. Die »Preußen« hatten zwar niemandem etwas zuleide getan. Aber schon die Tatsache, daß der Feind kühn und sicher im

Lande herumstreifte, setzte allen Illusionen über einen siegreichen Vormarsch französischer Truppen in die Pfalz einen Dämpfer auf. Der einzige, der die Nerven behalten hatte, war der Gendarm Frey. Als die Deutschen in das Städtchen einritten, tränkte er gerade sein Pferd an der Sauer und fluchte: »Maudites bêtes qui ont toujours soif!« Er sah die Reiter, schwang sich auf sein Pferd und ritt, von der Patrouille unbemerkt, zur Gendarmeriekaserne.

Dort meldete er seinem Vorgesetzten, Brigadier Baguerie, den Einritt deutscher Reiter in das Städtchen. Dieser – nach französischen Quellen soll es der Bürgermeister gewesen sein – befahl dem Gendarmen sofort über Froeschwiller und Reichshoffen in das zehn Kilometer entfernte Niederbronn zu reiten, um dort das 12. Regiment Chasseurs à cheval zu alarmieren. Im Galopp sprengte Frey die Woerther Hohl, die bei den schweren Kämpfen am 6. August 1870 noch eine bedeutende Rolle spielen sollte, hinauf.

Das war der Augenblick, in dem sich das Schicksal gegen die Patrouille entschied. Erst später, nach dem Kriege, erfuhren Zeppelin und seine Begleiter, welch ein Fehler es war, den von der Badischen Felddivision erteilten Aufklärungsauftrag selbständig zu erweitern und über Woerth hinaus vorzustoßen.

Kapitel 13

Verhängnisvolle Mittagsrast in Schirlenhof

An der Waldecke nördlich Eberbach gab Graf von Zeppelin das Zeichen zum Anhalten, Absitzen und zu einer Verschnaufpause. Er versammelte die Offiziere um sich, um mit ihnen die Lage und das weitere Vorgehen zu besprechen. Man überlegte, ob angesichts des etwa sechs Kilometer entfernten französischen Kavallerie-Regiments der Ritt noch bis zur Bahnlinie bei Gundershoffen fortgesetzt werden könnte. Man einigte sich, trotz der Feindnähe, an dem gefaßten Beschluß festzuhalten, dann aber, nach Erreichen des Aufklärungsziels, so schnell wie möglich und auf dem kürzesten Wege zur Grenze zurückzukehren.

Dann sprach man über die Notwendigkeit einer längeren Rast. Zeppelin schlug wegen der großen Hitze vor, für die langsam müder gewordenen Pferde einen längeren Halt in einer der nahen Ortschaften einzulegen. Sie waren heute schon 25 Kilometer geritten; es erschien ihm dringend notwendig, die Tiere zu füttern und vor allem zu tränken.

Doch seine Offiziere waren anderer Meinung. Wechmar gab zu bedenken, daß eine Rast so kurz vor dem Aufklärungsziel wegen der Chasseurs im nahen Niederbronn gefährlich sei. Je schneller man jetzt zur Bahnlinie vorreite und dann umkehre, desto weniger Zeit habe der Feind, die Patrouille aufzubringen. Villiez und Winsloe wiesen darauf hin, daß die im Raum Soultz gemeldeten Lanciers des 2. Regiments sicher auch nicht untätig sein würden und den Rückmarsch zur Grenze abschneiden könnten. Sie waren der Ansicht, daß die Pferde auch nach Erreichen von Gundershoffen noch kräftig genug wären, ihre Reiter in das an der pfälzischen Grenze liegende Gebirge zurückzutragen. Sie plädierten also auch dafür, den Ritt ohne eine längere Rast fortzusetzen.

Zeppelin fand diese Argumente zwar berechtigt, aber nicht entscheidend. Er wies darauf hin, daß es bei einem Zusammentreffen mit einer größeren feindlichen Abteilung nur noch die Möglichkeit gäbe, sich im Galopp abzusetzen. Für eine solche Hetze aber seien die Pferde, die seit fünf Uhr morgens nicht mehr getränkt worden waren, zu sehr ermattet. Das sei ein gefährlicher Nachteil gegenüber einem ausgeruhten und vielleicht sogar überlegenen Feind. Er hielt es für zweckmäßiger, das vor ihnen liegende kleine Dorf Schirlenhof anzureiten. Nur in Ortschaften gab es noch Wasser.

Er machte seinen Offizieren folgende Zeitrechnung auf: eine an Zahl überlegene Abteilung Chasseurs, die in der Zwischenzeit wahrscheinlich durch einen reitenden oder fahrenden Boten von Woerth aus benachrichtigt worden sei, könnte frühestens in ein bis zwei Stunden in die Nähe kommen. Man habe also eine knappe Stunde Zeit zum Versorgen der Pferde, dann müsse man allerdings wieder im Sattel sein.

Die jungen Offiziere konnten sich diesen Überlegungen nicht verschließen. Es leuchtete ihnen ein, daß das Wohl und Wehe der Patrouille von den Kräften der Pferde abhing, sie also gefüttert und getränkt werden mußten, auch wenn kostbare Zeit dabei verlorenging.

Oberleutnant von Wechmar erhielt nun den Auftrag, zusammen mit dem Gefreiten Zilly und dem Dragoner Kraus im Trab in das zwei Kilometer entfernte Schirlenhof vorzureiten. Sie sollten feststellen, ob es dort Wasser für die Pferde gäbe. Auch sollten sie erkunden, ob Futter und Essen aufzutreiben sei, das dann der außerhalb der Ortschaft wartenden Patrouille gebracht werden könnte. Die übrigen Reiter – mit Leutnant von Villiez und dem Gefreiten Diehm als Nachhut – sollten bis an den Waldrand vor Schirlenhof folgen und dort auf Nachricht warten.

Links der Ortschaft Eberbach kam Wechmar in das in einem Talgrund liegende, nach drei Seiten von Wald umgebene Schirlenhof. Am Dorfeingang ließ er Kraus als Posten zurück. Vor dem ersten Haus stand ein Einwohner, genannt der »Ober-Sepp«. Als altgedienter Soldat hatte er die Reiter als Deutsche gleich erkannt. Er sprach von Wechmar mit den Worten an: »Was suchen er denn ehr Herre?«. Von Wechmar fragte nach dem nächsten Brunnen und wurde zur Ortsmitte gewiesen. Er ritt an einem kleinen Wirtshaus vorbei und fand wenige Meter weiter den Dorfbrunnen. Die dort stehenden Frauen flüchteten beim Anblick der beiden uniformierten Reiter in die nächsten Häuser.

Der Oberleutnant fand das versteckt liegende Dorf mit seinen 15 Häusern für die geplante Rast geeignet. Er schickte Zilly zur Patrouille mit dem Vorschlag zurück, in der Ortschaft zu füttern und zu tränken und in dem Wirtshaus etwas zu essen. Es schiene ihm besser, dieses alles hier in einem Zuge an Ort und Stelle zu tun. Futter und Essen, wie ursprünglich geplant an den Waldrand zu bringen, koste zu viel Zeit.

Zeppelin war einverstanden und ritt mit Winsloe und den Gefreiten Zilly, Wittmann und Weiß gegen 12.00 Uhr mittags in Schirlenhof ein. Sie wurden am Ortseingang von Oberleutnant von Wechmar, der inzwischen seinem Pferd am Brunnentrog Wasser gegeben hatte, empfangen. Zeppelin sah sich in der kleinen Ortschaft um. Der hufeisenförmige Hof des Gastwirts Lienhard schien ihm für eine Rast am besten geeignet. Er befahl, hier die Pferde einzustellen und zu füttern.

Oberleutnant von Wechmar machte den Grafen darauf aufmerksam, daß es doch gefährlich sei, die ganze Patrouille in einem Gehöft, das nur einen Ausgang zur Straße hatte, zu versammeln. Doch Zeppelin fragte ihn trocken, ob er Angst habe. Wechmar zuckte mit den Achseln und entgegnete ebenso kurz, er trüge ja auch nicht die Verantwortung.

Nach diesem, wohl durch die Anspannung und Müdigkeit verursachten kleinen Disput, ritt man in den Hof ein. Wie in allen Kavallerieverbänden üblich, galt es, zunächst die Pferde zu versorgen. Unwillkürlich mußte von Wechmar an ein französisches Reitergedicht denken:

»Quand le dragon est bien crotté
qu'il arrive tout ereinté,
qu'il soit bien qu'il soit mal,
il faut qu'il songe à son cheval.
Avant tout, avant lui, l'animal.«

Ohne den Eigentümer der Hofreite lang zu fragen, wurden die Tore der kleinen Scheune aufgemacht und die Pferde hineingeführt. Aus Platzmangel mußten jedoch einige im Hof verbleiben. Dann wurden die Kandaren abgenommen und den Pferden die Freßbeutel mit dem Rest des mitgeführten Hafers umgehängt.

Dragoner Kraus erhielt den Befehl, auf der Straße vor dem Wirtshaus Posten zu beziehen. Graf von Zeppelin hatte darauf verzichtet, an den beiden Ortsenden Sicherungen aufzustellen, die bei Annäherung eines Feindes mit Schüssen die Patrouille hätten alarmieren können. Hätte er die beiden Wachen ausgestellt, dann wären – von Villiez und Diehm waren noch nicht eingetroffen – nur noch zwei Mannschaften zur Versorgung von sieben Pferden übrig geblieben. Daß die Offiziere beim Füttern und Tränken mit Hand anlegten, war damals noch nicht üblich.

Nachdem die Pferde ihre karge Haferportion gefressen hatten, wurden sie von den Dragonern zu dem einhundert Meter entfernten Dorfbrunnen geführt. Es war ein Ziehbrunnen, aus dem Eimer für Eimer das Wasser herausgeholt und in den Brunnentrog gekippt werden mußte. Als die Deutschen, von denen jeder zwei bis drei Pferde zu tränken hatte, einige der umstehenden Einwohner baten, beim Schöpfen zu helfen, lehnten diese entrüstet eine Unterstützung ab.

Es kam sogar zu einem kleinen Zwischenfall. Der bereits erwähnte »Ober-Sepp« kam wütend mit einer Sichel in der Hand fuchtelnd auf die Dragoner zu. Doch er retirierte rasch in das nächste Haus, als die Dragoner ihre Säbel blank zogen. Einen daneben stehenden Handelsmann aus Grundershoffen packte die Angst. Er schulterte seinen Rucksack und verließ eiligst den Ort in Richtung Froeschwiller.

Das Tränken der Pferde nahm eine ganze Weile in Anspruch. Sie wollten mit dem Saufen überhaupt nicht aufhören. Sie waren so durstig, daß – wie Gefreiter Zilly später schrieb – sie »fast den ganzen Kopf in den Brunnentrog steckten«. Als sie dann schließlich doch genug hatten, wurden sie in den Hof zurückgeführt. Dort wurde ihnen Heu aus der Scheune des Gastwirts vorgeworfen. Danach sollten die Mannschaften abwechselnd in die Wirtsstube kommen, um sich dort zu stärken.

Zeppelin, Wechmar und Winsloe waren in der Zwischenzeit die zehnstufige Treppe zu dem Wirtshaus hinaufgestiegen. Mit dem Pistolenknauf klopften sie an die Tür. Wirt Lienhard und seine Frau öffneten voller Furcht die zweiteilige Tür. Sie hatten die Deutschen in ihren Hof einreiten und absitzen sehen. Zuerst glaubten sie, überfallen zu werden, doch dann, als die feindlichen Reiter mit dem Füttern ihrer Pferde begannen, hatten sie sich etwas beruhigt.

Der Graf fragte die Wirtsleute höflich, ob er gegen Bezahlung für sich und seine Leute etwas zu essen bekommen könne. Nach einigem Zögern antwortete die Wirtin: »Mir hann nix im Hüs ass geschwellti Krumbiere (Kartoffeln) un Sürmilch, wenn's pressiert a noch Eier!« Den Deutschen, denen ein saftiges Stück Fleisch lieber gewesen wäre, blieb keine Wahl. Sie baten die Frau, rasch die Kartoffeln aufzusetzen und Eier in die Pfanne zu schlagen. Sie hätten wenig Zeit und müßten spätestens in einer halben Stunde wieder weiter.

Während die Wirtin in der Küche hantierte, sahen sich die Offiziere in dem kleinen Haus um. Hinter dem düsteren Hausflur, von dem eine schmale Stiege zu einer Dachkammer führte, lag die rußgeschwärzte kleine Küche. Sie hatte einen Ausgang zu dem hinter dem Haus liegenden Garten. Neben dem Wohnzimmer, das zugleich als Wirtsstube diente, war die Kammer. Ein kleines Mädchen schlief friedlich in der Wiege.

Inzwischen waren auch Villiez und seine Ordonnanz im Dorf eingetroffen. Im Vorbeireiten tränkten sie ihre Pferde am Ziehbrunnen. Dann trafen sie auf den Posten Kraus, der ihnen mitteilte, daß die ganze Patrouille im Hof versammelt sei und daß die Offiziere in der Gaststube wären. Villiez hatte ein ungutes Gefühl, befahl daher Diehm, die beiden Pferde nicht abzukandaren und ging dann in die Wirtsstube.

Zeppelin und Wechmar saßen über eine Karte gebeugt, Winsloe lag schlafend auf der Bank vor dem Fenster. Es sollte sein letzter Schlaf sein. Der Graf lud Villiez ein, Platz zu nehmen. Während draußen in der Küche die Wirtin das Mahl bereitete, besprach er den weiteren Weg und das Verhalten der Patrouille bei einem Zusammenstoß mit einem stärkeren Feind. Jeder Offizier – Winsloe war inzwischen aufgewacht – sollte in diesem Fall versuchen, auf eigene Faust zurückzureiten und in Karlsruhe Meldung zu erstatten. Bei einer Hetze sollte der Feind zersplittert und in verschiedene Richtungen abgelenkt werden, auch wenn dadurch der Zusammenhalt der Patrouille verloren ging. Mit dieser Weisung war die Unterredung beendet, und man wartete auf das Essen.

Kurz darauf kamen Zilly und Wittmann, die ihre Pferde als erste versorgt hatten, in die Stube, in dem Augenblick, als die Wirtin die lang ersehnten Kartoffeln und die Spiegeleier hereinbrachte. Sie stellte die dampfende Schüssel auf den Tisch und wünschte einen guten Appetit. Wirt Lienhard ging in den Keller, um eine Flasche Wein zu holen. Doch kaum hatten die deutschen Reiter mit dem Essen begonnen, um ihren Hunger zu stillen, als sie durch die offenen Fenster den Posten Kraus aus Leibeskräften rufen hörten: »Heraus, heraus, der Feind!«

Kapitel 14

Die 12. Chasseurs den Deutschen auf der Spur

An dieser Stelle müssen wir in unserer Schilderung um zwei Stunden zurückblenden. Wir erinnern uns noch, daß der Gendarm Frey die Deutschen beim Durchreiten von Woerth gesehen hatte und mit dem Auftrag, die 12. Chasseurs in Niederbronn zu alarmieren, die Hohl hinaufgaloppiert war. Froeschwiller durchritt er im Trab und rief dabei den Einwohnern zu, daß die »Preußen« in Woerth eingedrungen seien. Er hatte ein kräftiges Pferd und war, durch Reichshoffen galoppierend, in knapp vierzig Minuten in Bad Niederbronn.

Dort war am 21. Juli das im Eisenbahntransport von Paris gekommene 12. Regiment Chasseurs à cheval ausgeladen worden. Die Einheit gehörte zur 1. Kavallerie-Brigade des Generals de Bernis. Das Regiment hatte den Auftrag, zusammen mit den 5. Husaren und 2. Lanciers, an der Grenze zur Pfalz den Aufmarsch von zwei Infanterie-Divisionen nördlich Hagenbach zu sichern. Einzelne Aufklärungszüge hatten auch schon die Gegend um Jaegerthal und Woerth durchstreift, besondere Vorkommnisse aber waren nicht gemeldet worden.

Das Chasseurs-Regiment hatte in Niederbronn auf der Kurpromenade Biwak bezogen. Am 25. Juli, kurz vor 11.00 Uhr, waren die Chasseurs gerade dabei, ihre an langen Leinen angebundenen Pferde zu füttern. Sie hatten ihre grünen Uniformröcke abgelegt. Da sprengte Gendarm Frey an ihnen vorbei mit dem Ruf: »Alerte, alerte, l'ennemi est en Alsace!«

Ohne Befehle von oben abzuwarten, stürzten die 1867 aus Mexiko zurückgekommenen kampferprobten Soldaten zu ihren Waffen und sattelten die Pferde. Als der inzwischen alarmierte Oberst de Tucé zu seinem

Regiment kam, war es schon marschbereit. Nach den Aufzeichnungen des Kriegstagebuchs des Regiments soll der Oberst seine Leute mit den Worten: »Bravo, mes enfants, je suis content de vous!« gelobt haben.

Gendarm Frey war zum Haus des Fabrikanten von Dürrheim weitergeritten. Dort war der Kommandeur der Brigade, General de Bernis, einquartiert. Der General hatte zwar schon am frühen Morgen Gerüchte über deutsche Reiter gehört, erfuhr nun aber von Frey, daß dieser eine Gruppe von 10–12 Reitern im nahen Woerth leibhaftig gesehen hatte.

General de Bernis überlegte nicht lange, schwang sich auf sein Pferd und ritt zum Chasseurs-Regiment. Er hatte sich vor Jahren einmal in dieser Gegend zum Zwecke militärischer Studien aufgehalten und war mit dem Terrain und dem Wegenetz einigermaßen vertraut – ganz im Gegensatz zu seinen gerade aus Paris angekommenen Offizieren. Er entschloß sich daher, die Suche nach den Deutschen selbst zu übernehmen. Er befahl: »A cheval, le 5^{e} escadron!«

Kaum waren die Chasseurs mit den Chassepotkarabinern über der Schulter im Sattel, da ritt die etwas über sechzig Mann starke Eskadron auch schon auf ihren lebhaften Araberpferden in Richtung Woerth davon. An der Spitze waren General de Bernis, der Eskadronschef Hauptmann Compagny de Courvières und sein Stellvertreter Oberleutnant Chatelain. Dann folgten die von Oberleutnant de Chabot und den Leutnanten Moncany, Marceau und de Nyvenheim geführten Züge. Im scharfen Trab ging es an Reichshoffen vorbei und durch den Neuwald nach Froeschwiller. Die von den Dorfbewohnern eingeholten Auskünfte über den Verbleib der Deutschen waren widersprüchlich. Die einen wußten bestimmt, daß die »Preußen« noch in Woerth waren; die anderen behaupteten, sie seien durch Elsaßhausen geritten und in dem Niederwald verschwunden.

Als die Eskadron den Nordrand dieses Waldes erreicht hatte, ließ der General anhalten und absitzen. Er befahl die Offiziere zu sich, um das weitere Vorgehen zu besprechen. Es hatte nun keinen Zweck mehr, mit der geschlossenen Eskadron durch die Gegend zu reiten. Man mußte sich teilen, um das Land fächerförmig zu durchstreifen. Nur so konnte die deutsche Patrouille aufgestöbert werden. Da die Eskadron in vier,

Französische Chasseurs auf der Suche nach der deutschen Patrouille

jeweils von Offizieren geführte Züge eingeteilt war, erhielt jeder Leutnant einen speziellen Suchauftrag.

Oberleutnant de Chabot erhielt die Weisung, bis zur Bahnlinie Hagenau–Niederbronn vorzureiten. Der General nahm an, daß die Deutschen, ähnlich wie bei Hunspach, versuchen würden, die Telegrafeneinrichtungen der Bahn zu zerstören. Keiner der Offiziere hatte eine Karte vom unteren Elsaß; bei der Abfahrt in Paris waren ihnen nur Blätter von der Pfalz ausgehändigt worden. Deshalb fragte Chabot seinen General: »Dans quelle direction se trouve donc la voie ferrée?« Die Antwort seines Vorgesetzten war nicht sehr aufschlußreich: »Ma foi, je l'ignore, cherchez-la!«

Chabot machte sich mit seinen fünfzehn Chasseurs auf den Weg in allgemein westlicher Richtung. Irgendwo mußte dort die Bahnlinie sein. Wenige Minuten später begann für ihn eine Glückssträhne, die ihn in die

Annalen der französischen Kavallerie eingehen ließ. Ein des Weges kommender Bauer teilte ihm mit, die Deutschen seien in Richtung Gundershoffen geritten. Auch Chabot wollte dorthin. Der Bauer erklärte ihm den Weg.

Kurz darauf entdeckte Chabot auf dem weichen Waldweg frische Pferdespuren. Er saß mit seinen Unteroffizieren ab, untersuchte die Hufeisenabdrücke und stellte fest, daß sie viel größer waren, als die ihrer eigenen, zierlichen Araberpferde. Mit der Gewißheit, dem Feind auf den Fersen zu sein, ritten sie im verschärften Trab weiter. Brigadier Charpentier übernahm mit zwei Mann die Spitze.

Uffz. Charpentier

De Chabot (als General um 1900)

Als diese drei Reiter aus dem Niederwald nördlich Eberbach herauskamen, trafen sie auf drei Bauern, die sich laut unterhielten. Bei ihnen stand der Handelsmann, der sich im Schirlenhof aus Angst vor den Deutschen so schnell aus dem Staub gemacht hatte. Großsprecherisch teilte er Charpentier mit, daß er persönlich dabei gewesen sei, als die Deutschen ihre Pferde tränkten und beinahe habe er mit dem Säbel eins aufs Haupt bekommen!

Skizze zu der Recognoscirungs-Patrouille am 25. Juli 1870

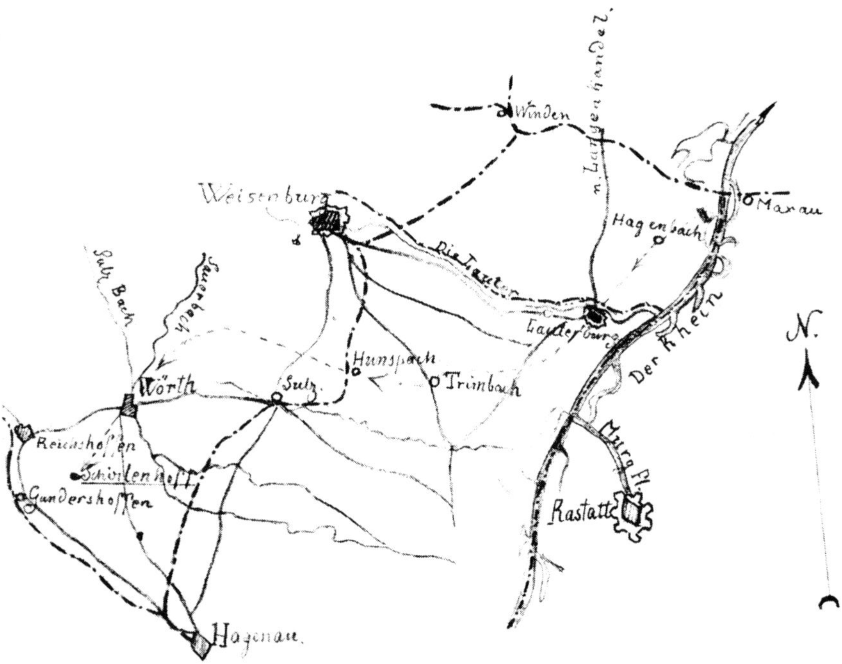

Maassstab: 1 : 300.000

Charpentier riß sein Pferd herum und galoppierte zu seinem Oberleutnant zurück um ihm mitzuteilen, daß man nun eine heiße Spur habe. Die Deutschen seien wahrscheinlich noch bei der Rast in dem 1500 Meter entfernten Schirlenhof. Die Chasseurs waren über diese Nachricht außer sich vor Freude. Ihr Zugführer beruhigte sie: »Restez calmes, mes chasseurs, ils ne nous échapperont plus« und gab das Zeichen zum Galopp.

Am Nordeingang Schirlenhof fiel der Chasseurszug in Schritt. Oberleutnant de Chabot gewahrte eine ältere Frau, die sich beim Anblick der Franzosen bekreuzigte. Für ihn gab es nun keinen Zweifel mehr, daß die Deutschen noch im Ort waren. Er gab dem Maréchal de logis Pagnier den Auftrag, mit noch drei Soldaten im Galopp durch den Ort zu reiten und damit den Deutschen eine nur kleine Gruppe französischer Reiter vorzutäuschen. Am Dorfende solle er wieder umkehren. Er, Chabot, würde dann mit der Masse der Chasseurs folgen und so könne man den verwirrten Feind in die Zange nehmen. Bei den Einsätzen in Mexiko war man öfters so verfahren.

Funkenstiebend sprengte Pagnier mit seinen Chasseurs die Dorfstraße hinunter. Der vor dem Wirtshaus Lienhard Posten stehende Dragoner Kraus unterhielt sich gerade mit einigen umstehenden Einwohnern über die deutschen Waffen, als ein fünfzehnjähriges Mädchen die angaloppierenden Chasseurs sah und rief: »Mann, de Franzose kumme!«

Hier sind wir wieder an dem Zeitpunkt, als Kraus die Patrouille mit dem Ruf: »Heraus, heraus, der Feind!« alarmierte.

Kapitel 15

Die Franzosen überfallen die Patrouille

Der auf der Straße Posten stehende Dragoner Kraus gab nach seinem Warnruf zwei Schüsse auf die ankommenden Chasseurs ab. In der Wirtsstube sprangen alle vom Tisch auf. Graf von Zeppelin und Oberleutnant von Wechmar postierten sich an den beiden Fenstern, ihre Pistolen durchladend. Leutnant Winsloe stellte sich an die Eingangstür. Leutnant von Villiez stürzte hinaus in den Hof, sah zwei Chasseurs auf der Straße, gab auf sie einen Schuß ab, den diese erwiderten, um im Galopp weiterzureiten. In der Meinung, die Franzosen suchten das Weite, lief Villiez aus dem Hof auf die Straße.

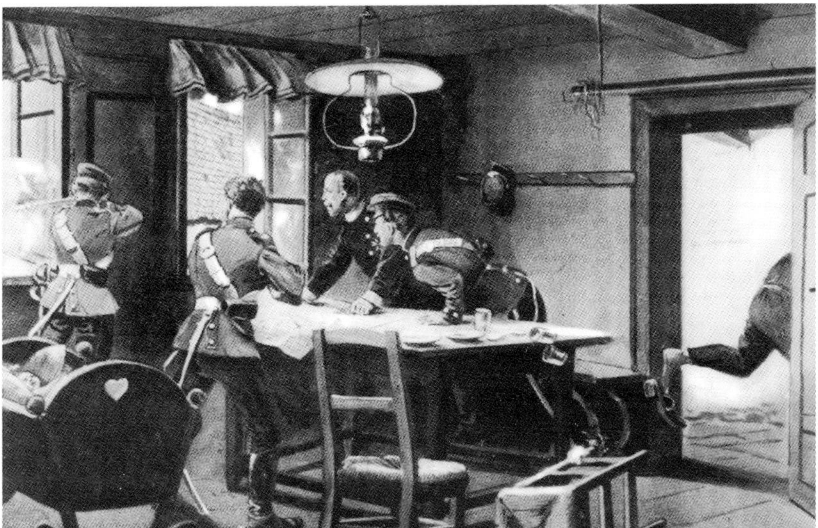

Die Situation im Wirtshaus zu Beginn des Überfalls

Kaum hatte er den Chasseurs einige Schüsse nachgesandt, gewahrte er, daß diese am Ortsende kehrt machten und wieder zurückkamen. Zur gleichen Zeit kam von links, vom oberen Dorf, Chabot mit der Masse seiner Reiter. Deckung suchend sprangen Villiez und Kraus in den Hof zurück, in den nun auch Wechmar gekommen war. Die deutsche Patrouille saß, wie von letzterem vorausgeahnt, in der Falle. Ein Entkommen mit den Pferden war nicht mehr möglich.
In der Zwischenzeit waren auch die Gefreiten Wittmann und Zilly aus der Wirtschaft zu ihren Pferden geeilt, mit der Absicht, sie rasch aufzukandaren. Die Gefreiten Diehm und Weiß, die bei ihren im Hof angebundenen Pferden standen, rißen ihre Karabiner von den Sätteln und luden durch.

Sechs Franzosen – es waren Oberleutnant de Chabot, die Unteroffiziere Charpentier, Divon, sowie die Chasseurs Beausoleil, Desmettre und Rabat – drangen zu Pferde nach allen Seiten schießend in die Hofreite. Aus dem Wirtshaus schlugen ihnen die Pistolenkugeln von Graf von Zeppelin und aus der Scheune das Feuer der Dragoner entgegen. Es entwickelte sich eine wüste Knallerei; vor lauter Pulverdampf konnte keiner richtig zielen. Die Pferde, erschreckt von dem Lärm, bäumten sich auf und versuchten, sich loszureißen.

Wenige Minuten später kam der Maréchal de logis aus dem unteren Dorf wieder zurück, seine Leute mit »en avant, au galop!« anfeuernd. Villiez sah ihn ankommen und zielte auf seine Brust. Tödlich getroffen sank Pagnier vom Pferde.*

* Von wem die tödliche Kugel kam, ist umstritten. Von Villiez berichtet in seinen Erinnerungen, er habe nach der Abgabe seines Pistolenschusses nicht feststellen können, ob er Pagnier getroffen habe, da er sich umdrehte und Deckung suchte.
Graf von Zeppelin behauptete später: »Ich hatte ihn mit dem zweiten Schuß ins Herz getroffen. Der erste Schuß war vorbei gegangen, ich schämte mich dessen und zielte nun vollkommen sicher.«
Nach einem Bericht des Generals de Bernis an Kaiser Napoleon III. über das Gefecht in Schirlenhof soll Pagnier, als er auf von Wechmar eindrang, von diesem niedergeschossen worden sein.
Und schließlich schrieb der Gefreite Zilly nach dem Kriege, er habe den Franzosen mit seinem Karabiner erschossen.
Es ist anzunehmen, daß in dem Durcheinander mehrere Deutsche auf Pagnier geschossen haben. Niemand konnte genau wissen, wer nun wirklich getroffen hatte.

Maréchal de logis Pagnier tödlich verwundet

Als der Führer der Franzosen, Oberleutnant de Chabot, seinen Feldwebel Pagnier vom Pferd stürzen sah, erkannte er, daß der Kampf zu Pferde gegen die im Schutz der Scheune stehenden Deutschen, dazu in dem engen Hof, von Nachteil war. Er befahl mit lauter Stimme: »Pieds à terre, en avant!« Außerdem schickte er einen Melder zu General de Bernis und ließ einen Posten am Dorfende nach Forstheim aufstellen.

Die bei Beginn des Gefechts noch auf der Straße stehenden Zivilisten flüchteten bei der Schießerei sofort in ihre Häuser. Einsam war ein Kind mitten zwischen den Kämpfenden geblieben, bis ein mitleidiger Chasseur es an der Hand nahm und aus der gefährlichen Umgebung brachte.

Kapitel 16

Kampf Mann gegen Mann

Die im Nahkampf erfahrenen Chasseurs attackierten nun zu Fuß. Ihre Chassepots – moderne Hinterladerkarabiner mit hoher Feuergeschwindigkeit – waren den älteren badischen Waffen überlegen. Im Umgang mit dem Säbel waren die Franzosen kriegserprobt.

Oberleutnant von Wechmar und Leutnant Winsloe griffen den französischen Unteroffizier Charpentier an. Verzweifelt versuchte dieser – den abgeschossenen Karabiner in der linken Hand –, sich mit dem Säbel zu wehren. Chabot sah die Bedrängnis seines Untergebenen.

Er wendete sein Pferd, um ihm zur Hilfe zu kommen. Trotz eines schmerzhaften Streifschusses am Nacken aus der Waffe des immer noch aus dem Fenster feuernden Grafen von Zeppelin, richtete er seine Pistole auf Leutnant Winsloe. Dieser schoß schneller, doch die Kugel zischte am Kopf Chabots vorbei und verfehlte ihr Ziel. Sekundenbruchteile später krachte Chabots Schuß. Die Kugel traf Winsloes linke Brust. Sie wäre bereits tödlich gewesen, wenn ein Bündel Briefschaften sie nicht aufgehalten hätte.

Chabots Aufforderung, sich zu ergeben überhörend, drückte Winsloe zum zweiten Male ab. Doch das Pferd des französischen Oberleutnants tänzelte in diesem Moment zur Seite. Wiederum ging Winsloes Schuß vorbei. Chabot antwortete mit einer zweiten Kugel, die Winsloe in den Unterleib traf. Schmerzgekrümmt drehte sich der getroffene Leutnant um und schleppte sich, die Hände vor dem Bauch haltend, in die Scheune.

Das Gefecht in Schirlenhof

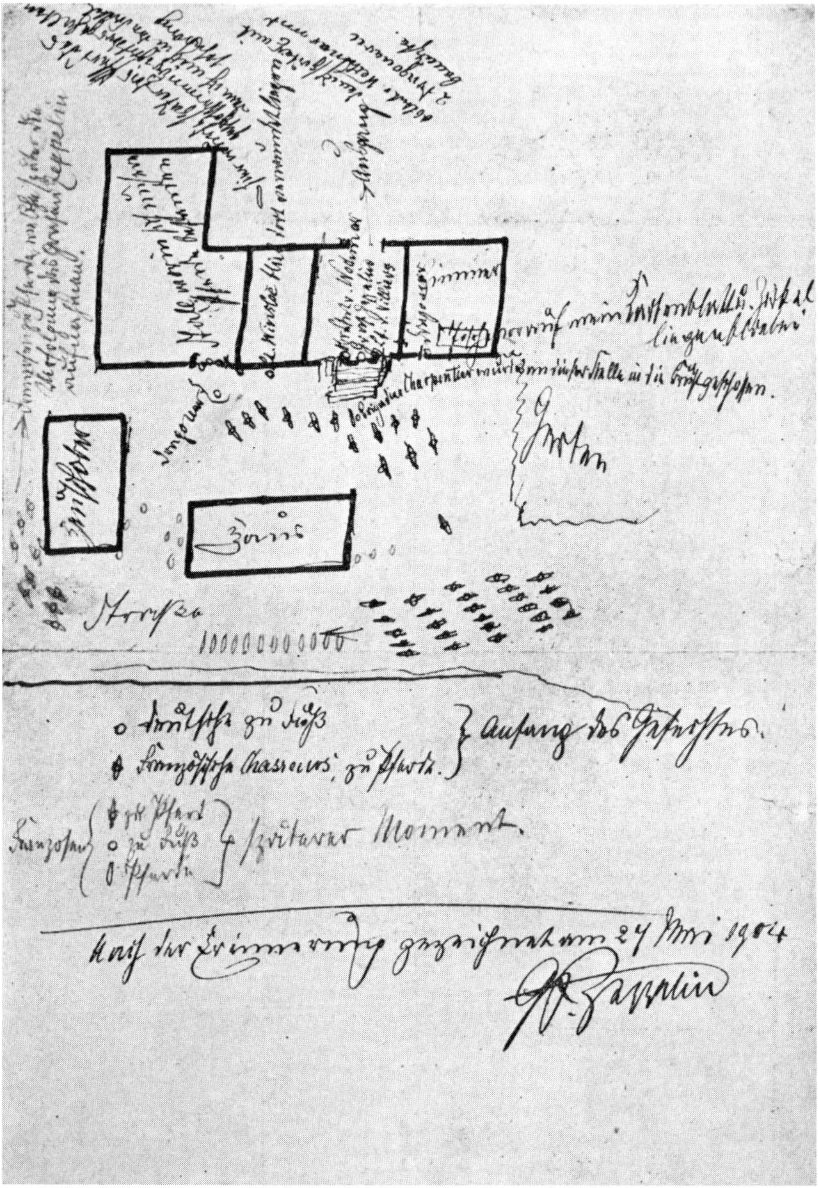

Gefechts-Skizze des Grafen Zeppelin

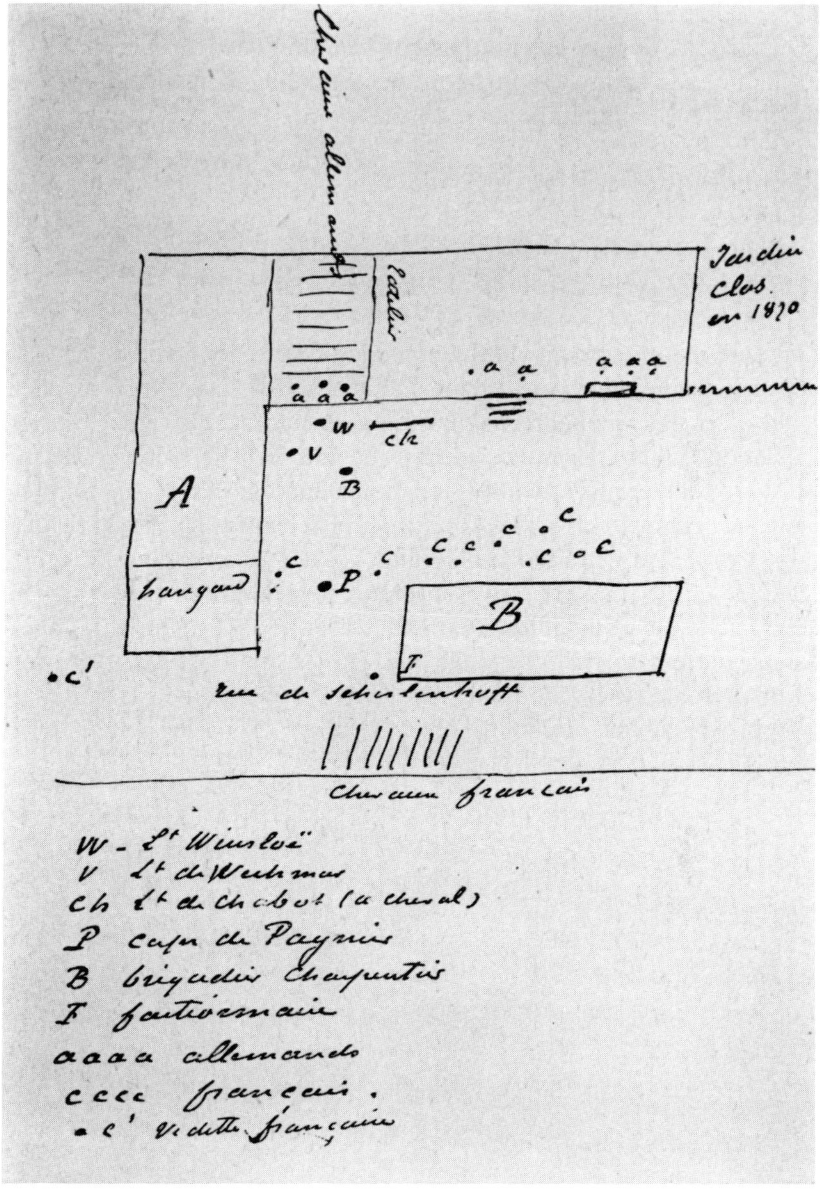

Gefechts-Skizze des Divisionsgenerals de Chabot

Unmittelbar darauf gab Chabot einen weiteren Pistolenschuß auf Wechmar ab, der mit einem Chasseur kämpfte. Die Kugel verfehlte ihr Ziel, doch der badische Dragoneroffizier erhielt einen schweren Säbelhieb. Blutend taumelte er an die Hauswand.

Zilly und Wittmann schossen aus der Scheune. Die im Hof verbliebenen Dragoner wehrten sich mit den Säbeln so gut sie konnten. Plötzlich schrie Kraus auf, denn gleich zwei Schüsse hatten ihn am Bein und Hals getroffen. Er suchte hinter dem Haus nach Deckung.

Langsam mußten die im Hof kämpfenden Deutschen vor dem an Zahl überlegenen Feind in die Scheune und in das Wirtshaus zurückweichen. Villiez, der sich mit mehreren Chasseurs herumgeschlagen hatte, sprang die Treppe hinauf. Er wollte im Haus Schutz suchen, doch die Haustür war verschlossen. Charpentier war hinter ihm her und schlug mit dem Säbel nach ihm. Doch Villiez konnte dem Hieb ausweichen und richtete seine Pistole auf den Franzosen. Ohne Erfolg – die Pistole war leergeschossen. Ein Chasseur, die Bedrohung seines Unteroffiziers erkennend, zielte auf von Villiez. Der Schuß streifte dessen Gesicht. Unterdessen hatte Graf von Zeppelin die Tür geöffnet. Mit den Worten: »Kommen Sie rasch, Sie bluten ja« zog er Villiez in den Hausflur. In diesem Augenblick erscholl Chabots Stimme: »Tous chasseurs tout de suite à cheval!«

Kapitel 17

Unerwartete Gefechtspause – Versuch der Deutschen, zu entkommen

Chabots Befehl bedeutete Abbruch des Gefechts; was war geschehen? Einige ältere Männer hatten den Verlauf des Kampfes aus sicherer Dekkung ihrer Häuser mitverfolgt. Plötzlich sah einer von ihnen aus Richtung Eberbach quer über die Äcker eine größere Zahl Reiter auf Schirlenhof zukommen. Er wagte sich auf die Straße und teilte einem Chasseur, der bei den Pferden stand, seine Beobachtung mit. Der alarmierte seinen Zugführer.

Oberleutnant de Chabot nahm an, daß es sich um eine weitere Patrouille der Deutschen oder gar eine ganze Abteilung handelte; er befahl deshalb »Aufsitzen« und ritt selbst über die Straße, um nach dem neuen Feind Ausschau zu halten. Aber rasch erkannte er an den grünen Uniformen – die Deutschen trugen hellblaue Röcke –, daß es sich um Chasseurs handelte. Es waren andere Teile seiner Eskadron. Er machte kehrt, ritt zu seinen Soldaten zurück und mit einem: »Non, non ce sont les notres!« ließ er wieder absitzen. Mit den Chassepotkarabinern in der Hand drangen die Franzosen erneut in den Hof ein.

Die in arge Bedrängnis geratenen Deutschen hatten ihren Augen nicht getraut, als der Feind den Kampf abbrach und zu den Pferden eilte. Die unerwartete Gefechtspause kam ihnen sehr gelegen. Eine Flucht mit den Pferden war aber nicht möglich. Ein Teil der Pferde war tot, ein Teil durch Schüsse verletzt und die noch unverwundeten Tiere waren nicht aufkandart. Niemand wußte, was die Franzosen vorhatten und ob der Abbruch des Kampfes nicht eine Falle war. Hauptmann Graf Zeppelin

Graf von Zeppelin entflieht mit einem von Madame Leopold eingefangenen französischen Pferd

blieb weder Zeit noch Möglichkeit, die Patrouille zu sammeln. Jeder, außer dem schwer verletzten Winsloe, versuchte jetzt auf eigene Faust, Hof, Scheuer und Haus zu verlassen, nach hinten in die Gärten zu entrinnen und zu Fuß das Weite zu gewinnen.

Zeppelin und Villiez eilten durch die Küchentür hinter das Haus. Zu ihrer Verblüffung stand nicht weit von ihnen eine Bauersfrau, die ein französisches Pferd am Zügel hielt.

Madame Madeleine Leopold hatte ein Chasseurspferd, das sich bei dem Gefechtslärm vom Gartenzaun an der Straße losgerissen hatte, eingefangen. Zeppelin nutzte die unerwartete Gelegenheit, nahm der Frau das Pferd ab und schwang sich mit einem Satz in den Sattel. Zu Villiez gewandt, rief er: »Retten Sie sich, leben Sie wohl!« Wechmar und den Gefreiten Diehm und Wittmann, die ebenfalls durch die Küchentür hinausgestürzt waren und, gefolgt von einigen Chasseurs zu Fuß, über die Gartenzäune sprangen, rief er zu, sie sollten durch die Hopfenpflanzung in den nahen Wald laufen. Dann galoppierte er davon.

Oberleutnant de Chabot hatte von der Straße aus Graf von Zeppelin davon reiten sehen. Mit Unteroffizier Charpentier und zwei Chasseurs sprengte er ihm nach. Bei der Verfolgung sah Chabot, wie zwei Chasseurs aus Wut über den Tod ihres Kameraden Pagnier einen am Boden liegenden deutschen Offizier malträtierten. Es war Oberleutnant von Wechmar, der wegen seiner Verletzung den unverwundeten Gefreiten Diehm und Wittmann nicht so schnell hatte folgen können. Der französische Offizier übertrug Charpentier die weitere Verfolgung des Grafen. Mit herrischer Stimme gebot er seinen Soldaten Einhalt und nahm dann von Wechmar gefangen.

Auch der Dragoner Kraus versuchte trotz seiner beiden Verwundungen, sich vom Haus zu entfernen. Dabei brach er in eine offene Jauchegrube und schrie um Hilfe. Wirt Lienhard, der nach dem Aufhören der Schießerei aus seinem Versteck gekommen war, zog ihn aus der Grube. Ein hinzukommender Chasseur führte den Dragoner ab.

Leutnant von Villiez hatte den Augenblick, als Chabot mit Wechmar beschäftigt war, genutzt und war in eine benachbarte Scheune gesprungen. Durch die offene Tür gelangte er in einen schmalen, dunklen Futtergang. Das Gesicht voller Blut, lehnte er erschöpft an der Wand. Er hatte weder Säbel – dieser war zu Beginn des Gefechts in der Wirtsstube liegengeblieben – noch Patronen für seine Pistole. Er war vollständig wehrlos. Kurz darauf kamen auch die Gefreiten Zilly und Weiß in die Scheune. Villiez gab ihnen im Flüsterton zu verstehen, sie sollten sich ruhig verhalten, vielleicht würden die Chasseurs sie in dem dunklen Raum nicht finden.

Leutnant Winsloe war der einzige, der nicht mehr die Kraft hatte zu fliehen. Er hatte schon zu viel Blut verloren. Mühsam schleppte er sich, niemanden von seinen Kameraden mehr sehend, aus der Scheune hinaus, über die Treppe in den Hausflur und von dort die schmale Stiege hinauf in die Dachkammer. Dort fiel er unter fürchterlichen Schmerzen auf ein Bett.

Kapitel 18

Das Ende der Patrouille

Villiez, Zilly und Weiß warteten in der Scheune in gedrückter Stimmung. Vor dreißig Stunden waren sie fröhlich in Hagenbach aufgebrochen. Nach all' den Anstrengungen nun dieses Ende! Ihre Gedanken wurden unterbrochen durch einen in die Tür kommenden Bauern mit einer Pfeife im Mund. Dieser rief in die Scheune hinein: »Kommet numet rüs, sie sin allä fort, ihr seid ja Soldate, so gut wie die!« Villiez, der noch französische Kampfrufe und Schimpfworte hörte und durch die Bretterritzen französische Soldaten bei der Durchsuchung eines Stalls sah, gab keine Antwort.

Der Bauer, es soll Jakob Reymann gewesen sein, rief dem Unteroffizier Divon zu, daß sich in seiner Scheune noch Deutsche versteckt hätten. Divon öffnete die Scheunentür, zielte mit seiner Pistole in den dunklen Raum, rief: »Rendez-vous, Messieurs« und drückte ab. Doch der Schuß ging nicht los. Während der Franzose den Hahn nochmals spannte, konnten die Deutschen ihren Platz in dem Futtergang noch etwas verändern. Aber dann knallte es und der Aufschrei Zillys, dem die Bleikugel in das Wadenbein gefahren war, gab den übrigen Chasseurs Anlaß, mit ihren Karabinern ebenfalls in den dunklen Raum zu zielen.

Villiez erkannte die Aussichtslosigkeit der Lage. Um weiteres Blutvergießen zu verhindern, trat er aus der Scheune, übergab Divon seinen abgeschossenen Revolver und bat um Schonung seiner Männer.

Kaum waren die Dragoner im Freien, wurden sie von den Chasseurs mit einem wütenden Geschrei empfangen. Villiez wurde ein Achselstück abgerissen. Das war dem deutschen Leibdragoneroffizier nun doch zu viel. Sich aufrichtend herrschte er den vor ihm stehenden Chasseur in französischer Sprache an: »Pourquoi m'insultez vous? Je suis soldat comme vous et de plus officier. Vous me devez le respect, saluez!« Verdattert legte der Franzose die Hand an seine Kopfbedeckung und grüßte. Oberleutnant de Chabot kam hinzu. Er beendete die Belästigungen und ließ die Deutschen in den Hof des Wirtshauses abführen. Villiez und Weiß mußten dabei den am Bein verletzten Zilly stützen.

In der Zeit, in der Villiez in die Nachbarscheune geflüchtet war, hatten die Chasseurs das Wirtshaus untersucht. Sie fanden Winsloe stöhnend in der Dachkammer und forderten ihn mit barscher Stimme auf, mit ihnen zu kommen. Winsloe kam unter Aufbietung seiner letzten Kräfte die Treppe hinunter in den Hof. Er übergab Chabot seinen Säbel. Dann wurde es ihm schwarz vor den Augen und er fiel seinem Kameraden von Wechmar, den man auch in den Hof gebracht hatte, in die Arme.

Als etwa fünf Minuten später Villiez in die Hofreite geführt wurde, bot sich ihm ein trauriger Anblick. Umgeben von Chasseurs und Bauern, die sich in aller Eile bewaffnet hatten, lagen in einem Schuppen auf Laub der durch einen Brustschuß getötete Maréchal de logis Pagnier und neben ihm röchelnd, der Ohnmacht nahe, Leutnant Winsloe. Der leicht verletzte Oberleutnant von Wechmar saß neben ihm. Er hatte Winsloe den Uniformrock geöffnet, Blut quoll hervor. Ebenfalls in dem kleinen Schuppen lag der Dragoner Kraus. Auch er war so stark verwundet, daß er nicht mehr laufen konnte. Der Gefreite Zilly, dessen Wadendurchschuß ihn mehr und mehr schmerzte, setzte sich neben ihn.

In der Scheune sah es nicht minder trostlos aus. Die meisten Pferde waren verwundet. Sie standen oder lagen schweißtriefend und mit Blut bespritzt in einem erbärmlichen Zustand. Villiez trat zu seinem eigenen Pferd. Die brave Stute lag, mit drei Schüssen im Leib, auf dem Boden. Wie er später von seinem Bruder, der die Schlacht von Woerth mitgemacht hatte, erfuhr, erlag sie ihren Verletzungen.

Die Chasseurs hatten den Pferden bereits alles Sattel- und Zaumzeug abgenommen und die Packtaschen geplündert. Alle deutschen Soldaten wurden durchsucht; Karten, Notizbücher und sonstige Utensilien wurden ihnen abgenommen. Es war das Ende einer so hoffnungsvoll begonnenen Patrouille. Das Gefecht in Schirlenhof hatte kaum dreißig Minuten gedauert.

Auszug aus dem Kriegstagebuch der 1. französischen Kavallerie-Brigade, zu der das 12. Regiment Chasseurs à cheval gehörte (25. 7. 1870) (Ministère de la défense, Etat-Major de l'Armee de terre, Service historique, Vincennes)

Les allemands, en passant près d'un petit village nommé Schirlenhof, qui est caché dans un fond très abrité, avaient cru pouvoir impunément s'y reposer quelques instants.

Un peloton de l'Escadron du 12e chasseurs, commandé par Mr le Lieutenant de Chabot, s'y engagea résolument pendant que les autres pelotons en gardaient les abords.

Les allemands prevenus par leurs vedettes, s'embusquèrent dans les chambres et dépendances d'un auberge, et un combat très vif s'engagea avec les chasseurs qui avaient mis vivement pied à terre et abandonné leurs chevaux pour soutenir le combat dans des conditions égales.

Un officier d'Etat-Major Wurtembergeois, Mr le Cte de Zeppelin, blessé parvient à s'échapper à cheval par une issue qui existait derrière l'auberge, mais à l'exception de cet officier, la reconnaissance entière, après une lutte acharnée, est restée en notre pouvoir; trois officiers: MM. le Baron de Wechmar, Lieutenant en 1er au régiment de Dragons de la garde, le Baron de Villier, Lieutenant au même régiment, légèrement

blessé; Hubert Winsloe Lieutenant en 2e au 3e Dragons
Badois (prince Charles) mortellement blessé; sept
cavaliers dont 3 blessés, deux autres cavaliers furent
le lendemain ramenés par les grand. gardes;

Deutsche Fassung:

Die Deutschen hatten beim Passieren eines kleinen, in einer verborgenen Senke liegenden Dorfes, genannt Schirlenhof geglaubt, dort einige Augenblicke ungestört rasten zu können.

Ein Schwadronszug der 12. Chasseurs, befehligt von Oberleutnant de Chabot, engagierte sich dort beherzt, während die anderen Züge die Zugänge bewachten.

Die Deutschen, gewarnt von ihren Posten, legten sich in den Räumen und in den Nebengebäuden eines Gasthauses auf die Lauer. Ein sehr lebhaftes Gefecht mit den Chasseurs begann sich zu entwickeln; sie waren rasch von ihren Pferden abgesessen, um den Kampf unter gleichen Bedingungen führen zu können.

Ein Offizier des Württembergischen Generalstabs, Graf von Zeppelin – er war verwundet – gelang es, zu Pferd durch einen Ausgang hinter dem Gasthof zu entkommen. Aber mit Ausnahme dieses Offiziers blieb die ganze Patrouille nach einem erbitterten Kampf in unserer Gewalt. Drei Offiziere: der Baron von Wechmar, Oberleutnant im 1. Leib-Dragoner-Regiment, Baron von Willier, Oberleutnant im gleichen Regiment, leicht verwundet, Hubert Winsloe, Leutnant der 3. Badischen Dragoner (Prinz Karl) tödlich verwundet. Sieben Reiter, davon 3 verwundet, zwei weitere Reiter wurden am anderen Tag von den Grand gardes eingefangen.

Kapitel 19

Abtransport der Gefangenen nach Niederbronn

Aufmerksam gemacht durch die weithin hörbare Schießerei hatten sich nach und nach die anderen Züge der 5. Eskadron in Schirlenhof eingefunden, dabei auch General de Bernis mit seinem Adjutanten. Der General kam in die Hofreite und beglückwünschte freudestrahlend Oberleutnant de Chabot zu seinem Erfolg. Die deutsche Patrouille war zerschlagen, drei Offiziere und drei Dragoner gefangen, die übrigen auf der Flucht. Doch auch die Chasseurs waren nicht ungeschoren davongekommen. Sie beklagten einen Toten und drei Verwundete. Vier Pferde waren teils leichter, teils schwerer verletzt.

Der kleine Hof war mit Soldaten und Zivilisten überfüllt. Fast alle männlichen Einwohner des Dörfchens, die nach dem anhaltenden Gefechtslärm ein viel größeres Blutbad erwartet hatten, waren mit Sensen, Sicheln und Flinten bewaffnet herbeigelaufen. Sie scheuten sich nicht, die wehrlosen Gefangenen zu insultieren. Als sie sogar handgreiflich wurden und auf die zum größten Teil verwundeten Deutschen mit Knüppeln einzuschlagen begannen, wandte sich Leutnant von Villiez in französischer Sprache an General de Bernis. Er bat ihn, die Entfernung der äußerst erregten und bewaffneten Bauern zu veranlassen. Darunter war auch ein sechzehnjähriger Junge, der grinsend Villiez eine Flinte vor den Leib hielt. Dieser erinnerte sich, daß er den Jungen beim Einreiten in Schirlenhof hatte weglaufen sehen. In der Meinung, er könne die Deutschen verraten, hatte ihn Villiez, mit der Pistole drohend, zunächst festgehalten, dann aber doch laufengelassen.

Der französische General reagierte sofort auf Villiezs Bitte und gab den Chasseurs die Weisung, weitere Tätigkeiten der Dorfbewohner gegen die Dragoner zu verhindern. Auch erfüllte er den Wunsch Wechmars, seinen verwundeteten Kameraden etwas Verpflegung, vor allem Wasser, zukommen zu lassen. Nachdem dies geschehen war, befahl General de Bernis, die Gefangenen zum Quartier des 12. Chasseurs-Regiments in das sechs Kilometer entfernte Niederbronn zu bringen.

Oberleutnant de Chabot requirierte den gerade vorbeifahrenden Wagen eines Sürburgers namens Robein, der Kalk für die Holzhandlung Singer nach Reichshoffen gebracht hatte. Der Bretterwagen wurde mit Stroh und Decken versehen, dann legte man den toten Pagnier, den schwer verletzten Winsloe und die leicht verwundeten Dragoner Kraus und Zilly auf das Gefährt.

Villiez bat den General den gehfähigen Deutschen zu erlauben, ihre Pferde zu besteigen. Bernis stimmte mit der Einschränkung zu, daß nur die beiden Offiziere reiten könnten, der Gefreite Weiß müsse aber zu Fuß gehen. Die Chasseurs händigten Villiez und Wechmar ihr Sattelzeug ohne die Packtaschen aus. Als die Offiziere sich daran machten, zwei noch in der Scheune stehende unverletzte deutsche Pferde zu satteln, versuchten immer noch aufgeregte Bauern sie daran zu hindern. Wieder mußten die Chasseurs eingreifen. Sie übernahmen nun das Satteln selbst. Dann durften Wechmar und Villiez, der mit Wehmut noch einen letzten Blick auf seine verletzte Fuchsstute geworfen hatte, die Pferde besteigen.

General de Bernis war auch in den Sattel gestiegen. Er ritt aber nicht mehr sein eigenes Pferd. Ein besonders gut aussehender deutscher Rappe hatte es dem Pferdekenner angetan. Er behielt ihn den ganzen Feldzug über. Später, beim Ritt durch die deutschen Linien bei Sedan, soll der Rappe durch seine Ausdauer den General vor einer Gefangennahme durch die Deutschen bewahrt haben.

Die französischen Offiziere hatten das gute deutsche Pferdematerial bewundert. Sie konnten aber nicht begreifen, wieso sich darunter ein Pferd befand, das durch seine Häßlichkeit auffiel. Wechmar berichtete dem General, daß dies das Pferd des Lanciers Toussaint vom 2. Lanciers-Regiment sei, und daß es Graf von Zeppelin von Croettwiller bis Schirlenhof geritten habe. General de Bernis gab Order, das Pferd nach

Hagenau zu bringen. Der dort kasernierte Toussaint traute seinen Augen nicht, als er sein Pferd nach eineinhalb Tagen unversehrt wieder in Empfang nehmen konnte.

Bevor sich nun die ganze Eskadron mit den Gefangenen in Bewegung setzte, kam der Wirt Lienhard mit der Mütze in der Hand zu General de Bernis und wollte wissen, wer ihm denn das von den Deutschen bestellte, aber nicht verzehrte Mittagessen bezahlen würde: »Et ma note, qui donc paiera ma note?« General de Bernis – zunächst etwas verdutzt über die unerwartete Frage – griff in die Tasche und gab schmunzelnd dem Wirt einen Louis mit den Worten: »C'est ainsi que le vainqueur ce jour là, paya le menu des vaincus«. Nach einer anderen Überlieferung soll der General gesagt haben: »On dit que les battus payent l'amende, mais la France est assez riche pour payer sa gloire!«

Nach diesem Intermezzo marschierte man unter großen Vorsichtsmaßregeln ab. Voraus ritt ein Zug als »Avantgarde«. Danach kam der Bretterwagen mit dem toten Franzosen und den verwundeten Deutschen. Auf jeder Seite des Gefährts ritt ein Chasseur. Dahinter trottete zu Fuß der Gefreite Weiß. Nach einigen Kilometern durfte er sich aber hinten auf den Wagen setzen, da er zu Fuß das Tempo nicht mithalten konnte. Wechmar und Villiez folgten, nebeneinander reitend. Um eine Flucht unmöglich zu machen, war ihnen befohlen worden, die Bügel kreuzweise über den Widerrist ihrer Pferde zu legen. Je ein französischer Offizier ritt auf den Seiten als Eskorte. Dahinter wieder einige Offiziere, und dann folgten die drei anderen Züge der 5. Eskadron. Alle Mannschaften hatten die Säbel blank gezogen. Den deutschen Offizieren schien es, als ob diese ganzen Vorsichtsmaßregeln mehr gegen einen etwaigen unerwarteten Angriff als gegen sie selbst gerichtet waren.

General de Bernis begleitete die Eskadron noch eine kurze Wegstrecke, ritt dann aber im Galopp mit seinem Adjutanten nach Niederbronn voraus, um dem Kommandeur der Kavallerie-Division, General Duhesme, über den siegreichen Ausgang der »bataille de Schirlenhof« zu berichten. Kaum war de Bernis außer Sichtweite der Eskadron, als ein hinter Villiez reitender französischer Offizier den Deutschen in brüskem Ton aufforderte, ihm die Schärpe und das silberne Bandelier auszuhändigen. Villiez's Empörung half nichts, er mußte der Demütigung Folge leisten.

Wechmar hatte diese Gegenstände zu dem Ritt erst gar nicht mitgenommen.

Der Marsch durch die Ortschaften Gundershoffen, Reichshoffen und die Stadt Niederbronn wurde für die Gefangenen zu einem wahren Spießrutenlaufen. Viele Menschen liefen gröhlend und jubelnd nebenher und versuchten, mit Knüppeln auf die auf dem Wagen liegenden wehrlosen Verwundeten einzuschlagen, auch warfen einige mit Steinen nach ihnen. Oft mußten die an den beiden Seiten des Wagens reitenden Chasseurs von ihren Säbeln Gebrauch machen, um die Verwundeten vor Mißhandlungen zu schützen.

Die Bevölkerung von Reichshoffen, wohin die Kunde vom Erfolg der Chasseurs vorausgeeilt war, befand sich in großer Erregung. Immer wieder mußten die Deutschen laute Verwünschungen, begleitet von drohenden Gebärden, über sich ergehen lassen. Überall wurde »Vive les chasseurs« gerufen. Den Dragonern kam es vor, als ob der Jubel nicht hätte größer sein können, wenn die ganze deutsche Armee gefangen genommen worden wäre. Wie Villiez in seinem Tagebuch berichtete, gab aus dem Fenster eines vornehmen Hauses eine Frau, die augenscheinlich den »besseren Ständen« angehörte, ihrem Haß dadurch Ausdruck, daß sie auf die Deutschen spuckte.

Die Begeisterung nahm noch zu, als die Eskadron mit den Gefangenen in der Stadt Niederbronn ankam. Hier säumten viele Mannschaften des 12. Regiments Chasseurs à cheval die Straßen. Sie beglückwünschten ihre siegreichen Kameraden und beneideten sie zugleich. Die Gefangenen waren froh, als sie, in das Kurhaus gebracht, vor den Beschimpfungen und tätlichen Angriffen sicher waren.

Oberleutnant von Wechmar und Leutnant von Villiez wurden in das Dienstzimmer des Generals de Bernis geführt. Dieser ließ die Personalien aufnehmen und sich über den Verlauf des Fernpatrouillenritts und die näheren Umstände, die zur Gefangennahme geführt hatten, berichten. Die Art der Unterhaltung und das fast väterliche Verhalten des Generals gefiel einigen anwesenden Zivilisten nicht. Lautstark forderten sie den General auf, mit den »Preußen« kurzen Prozeß zu machen und sie als Spione erschießen zu lassen. Darauf forderte Bernis die Zivilisten wütend auf, den Raum zu verlassen. Nach der Vernehmung wurden den beiden Offizieren zwei Zimmer im dritten Stock des Kurhauses angewiesen; zu ihrer Versorgung erhielten sie den Gefreiten Weiß als Ordonnanz. Auf dem Gang vor ihren Türen stand ebenso ein Posten wie auf der Straße unterhalb der Fenster. Letzterer hatte den Auftrag, sofort zu schießen sobald die deutschen Offiziere sich am Fenster zeigten.

In der Zwischenzeit hatten französische Sanitätssoldaten die beiden verwundeten Dragoner Kraus und Zilly in das Kurhaus getragen und auf Tische gelegt, bis Betten für sie gerichtet waren. Ihre Wunden wurden gesäubert und die ersten Verbände angelegt.

Der schwer verletzte Leutnant Winsloe hatte während der Fahrt über die holprigen Straßen das Bewußtsein verloren; man brachte ihn in ein gesondertes Zimmer. Der Badearzt Dr. Klein nahm sich, unter Assistenz des späteren Bürgermeisters von Niederbronn, Leonhardt, seiner sofort an. Doch alle Bemühungen konnten dem nur noch leise röchelnden Winsloe nicht mehr helfen. Der starke Blutverlust in den letzten Stunden schloß eine Rettung aus. Gegen vier Uhr nachmittags hauchte der Leutnant, dem der hinzugekommene Pfarrer Simon noch geistlichen Trost zusprach, in den Armen Leonhardts sein Leben aus. Er war der erste Tote des deutschen Heeres im Deutsch-Französischen Krieg 1870/71.

Es wird berichtet, daß kurz zuvor Oberleutnant de Chabot zu dem Sterbenden gekommen sei und dem Bewußtlosen die Hand gedrückt habe. Nach seinem Ableben wurde Winsloe im Konservationssaal des Kurhauses aufgebahrt. Auf dem Sarge lag der mit Blut getränkte Uniformrock, daneben das Dragonerkäppchen und die silbern gewirkte Schärpe. Um den Sarg standen, wie Chronisten berichten, französische Offiziere »ernst und würdevoll, teilnehmend und voller Mitleid«.

Nicht weit davon lag der französische Maréchal de logis Claude Ferreol Pagnier auf der Totenbahre, einer der ersten französischen Toten des Krieges. Aus Petits-Chaux im Departement Doubs stammend, hatte er bereits den Feldzug in Algerien mitgemacht. Für seine Tapferkeit in Mexiko war ihm nicht nur die Militärmedaille verliehen worden, er war auch zum Ritter der Ehrenlegion ernannt worden; eine seltene Auszeichnung für einen Unteroffizier.

Am nächsten Vormittag wurde zunächst Pagnier mit militärischen Ehren auf dem Friedhof Niederbronn bestattet. Am Nachmittag war die Beerdigung von Winsloe. Im Kurhaus las Pfarrer Simon noch am Sarge aus dem 90. Psalm, danach trugen ihn französische Soldaten zum Friedhof. Offiziere des 12. Chasseurs-Regiments gaben das Geleit. Mit drei Ehrensalven über dem Grab ehrten die Franzosen ihren tapferen Gegner. In Niederbronn ruhte Winsloe nur bis zum 25. 10. 1870. Auf Veranlassung seiner Eltern wurde er nach Karlsruhe umgebettet. Am 25. 7. 1890 wurde in Schirlenhof ein Gedenkstein errichtet. An der Feier nahmen neben vielen Angehörigen des Dragoner-Regiments auch die Patrouillenmitglieder Frhr. Gayling von Altheim, Zilly, Weiß, Diehm, Gerber, Wittmann und Kraus teil. Ein weiterer Gedenkstein für Winsloe wurde 1912 auf dem Friedhof in Niederbronn von dem dortigen Kriegerverein errichtet, direkt neben dem Grabstein des Maréchal de logis Pagnier.

Französische Chasseurs tragen den deutschen Leutnant Winsloe in Niederbronn zu Grabe

Kapitel 20

Erfolglose Flucht der Dragoner Diehm und Wittmann

Mit der Gefangennahme eines großen Teils ihrer Mitglieder war das Schicksal der Fernpatrouille aber noch nicht besiegelt. Den Gefreiten Diehm und Wittmann hatte Zeppelin, bevor er selber wegritt, die Fluchtrichtung gewiesen. Sie liefen, so schnell sie konnten, und kamen, da sie über mehrere Gartenzäune und bergauf springen mußten, rasch außer Atem. Erschöpft erreichten sie nach vierhundert Metern den rettenden Waldrand. Zum Glück waren keine Franzosen hinter ihnen her; die Chasseurs waren mit der Verfolgung des Grafen beschäftigt. Die beiden Dragoner versteckten sich in einem dichten Gebüsch am Waldsaum und warteten auf Oberleutnant von Wechmar, der mit ihnen losgelaufen war. Sie wußten nicht, daß er, behindert durch seine Verwundung, nicht hatte Schritt halten können und von den Chasseurs gefangen genommen worden war.

Sie warteten, in ständiger Angst doch noch entdeckt zu werden. Nach einer knappen Stunde sahen sie in der Ferne die Franzosen aus Schirlenhof in Richtung Gundershoffen abziehen und viele Zivilisten hinterdrein. Diehm und Wittmann hatten nun keinen Zweifel mehr, daß das Gefecht in Schirlenhof zu Ende war und daß es keinen Sinn mehr hatte, weiter zu warten. Sie beschlossen zu versuchen, sich bis zu dem etwa 30 Kilometer entfernten Rhein durchzuschlagen. Ihnen war bewußt, daß dies ohne Pferde, ohne Karte und ohne Verpflegung, inmitten eines feindlichen Landes, nicht leicht sein würde. Doch der Gedanke an eine mögliche Gefangenschaft mit all' ihren Ungewißheiten gab ihnen die Kraft, nicht aufzugeben.

Die geflüchteten Dragoner Diehm und Wittmann kurz vor ihrer Gefangennahme beim Albrechtshäuserhof

Sie marschierten im Wald in nordostwärtiger Richtung weiter und mieden alle Straßen. Bei jedem Geräusch blieben sie stehen oder warfen sich zu Boden, immer in der Angst, daß die Franzosen doch noch nach ihnen suchen würden. Nach mehreren Stunden – die einzige Orientierung war die Sonne – konnten sie ungesehen das Wiesengelände nördlich Eberbach überqueren, um im Niederwald wieder Schutz zu finden.

Durch die große Hitze, die Aufregung des Gefechts in Schirlenhof und den mühsamen Fußmarsch quer durch die Wälder, waren die Dragoner gegen Abend so ermattet, daß sie kaum noch gehen konnten. Seit den frühen Morgenstunden hatten sie nichts mehr gegessen. Vor allem plagte sie der Durst. Nirgends hatten sie bis jetzt Wasser gefunden, auch der Eberbach war ausgetrocknet. Um ihren ständigen Durst zu mindern, kauten sie frisches Laub.

Gegen Abend sahen sie ein größeres Gehöft vor sich. Es war der Albrechtshäuserhof, etwa drei Kilometer südlich Woerth. Ihr einziger Gedanke war: »Wasser« und so schlichen sie sich – die Gefahr, entdeckt zu werden, mißachtend – in den Hof. Eine dort hantierende Magd ließ beim Anblick der beiden Soldaten vor Schreck einen Eimer fallen. Sie beruhigte sich aber, als die Fremden lediglich um Wasser baten. Rasch brachte sie eine Kanne mit dem ersehnten Naß herbei. Diehm und Wittmann tranken das ganze Gefäß aus, bedankten sich und verließen den Hof wieder auf dem zum Niederwald führenden Weg. Am Waldrand – inzwischen fing es an dunkel zu werden – setzten sie sich hin, um nach dem langen Marsch eine Verschnaufpause einzulegen. Sie entledigten sich ihrer verschwitzten Waffenröcke und zogen auch die Stiefel aus, da die Füße brannten und schmerzten.

In flüsterndem Ton besprachen sie ihre Lage. Sie waren froh, bis jetzt mit heiler Haut davongekommen zu sein. Aber es bedrückte sie, nichts von dem Schicksal ihrer Kameraden zu wissen. Ihre Unterhaltung wurde durch rasch näherkommende Hufschläge unterbrochen. Sie konnten gerade noch die Stiefel anziehen, aber nicht mehr ihre Waffenröcke, da sahen sie sich schon von mehreren Chasseurs und einem Pulk Zivilisten umstellt. Wehrlos, wie sie waren, blieb ihnen angesichts der drohend auf sie gerichteten Karabiner nichts anderes übrig, als der Aufforderung: »Rendez-vous, Messieurs!« Folge zu leisten und sich zu ergeben.

Wie kam es dazu, daß die beiden Dragoner so schnell entdeckt wurden? In Windeseile hatte sich die Nachricht von dem Sieg der Franzosen in Schirlenhof und von der Flucht des Grafen Zeppelin und zweier Dragoner in den Nachbarorten herumgesprochen. So auch in Woerth, das von der Patrouille am Vormittag in Aufregung versetzt worden war. Bürgermeister Eckert schickte den Gemeindediener mit der Trommel durch den Ort und ließ verkünden, daß zum Aufspüren der in den Niederwald geflüchteten Deutschen Freiwillige gebraucht würden.

Bald waren etwa zwanzig Woerther Bürger, mit Flinten, Sensen und Dreschflegeln bewaffnet, beisammen. Unter Führung des Forstbrigadiers marschierte der Trupp in Richtung Morsbronn, um die verdammten Deutschen zu schnappen. Unterwegs trafen sie auf einige Chasseurs, die ebenfalls auf der Suche nach den Deutschen waren, und schlossen sich ihnen an.

Einwohner von Woerth gehen auf die Suche nach den flüchtigen Dragonern

Kurz vor Erreichen des Niederwalds kam ihnen der Morsbronner Wirt Daab entgegen und berichtete, er habe deutsche Soldaten in den Lüshof, wie der Albrechtshäuserhof im Volksmund genannt wird, gehen gesehen. Das Schicksal der Dragoner war damit besiegelt.

Nachdem sich Diehm und Wittmann den Chasseurs ergeben hatten, wollten die aufgebrachten Woerther über sie herfallen. Die Chasseurs sahen sich genötigt, mit der blanken Waffe die Dragoner in Schutz zu nehmen. Nach einer genauen Visitation wurden die beiden Gefreiten unter Begleitung der Menge, die fortwährend »Vive la France, vive l'empereur« rief, in der Dunkelheit nach Woerth geführt und in das Gefängnis eingesperrt. Hier erst wurde ihnen auf Veranlassung eines mitleidigen Gendarmen aus einem nahen Gasthaus etwas zu Essen und zu Trinken gebracht. Dann fielen sie in einen bleiernen Schlaf.

Abführung der gefangenen Dragoner Diehm und Wittmann nach Niederbronn

Früh am Morgen wurden sie von zwei Gendarmen aus den Zellen geholt und mit einer Kette aneinander gebunden. Dann setzte sich der kleine Trupp mit den beiden Deutschen, denen man die Waffenröcke noch nicht wieder zurückgegeben hatte, in Bewegung. Noch in der Stadt fiel plötzlich ein so starker Regen, daß man sich in der Bitcher Straße unterstellen mußte. Mitleidige Woerther Bürger, die deswegen als Vaterlandsverräter bezeichnet wurden, gaben den Gefangenen einige Kleidungsstücke zum Schutz gegen den Regen. Neugierige schauten aus den Fenstern auf die Szene.

Auf dem Weg über Froeschwiller nach Niederbronn schloß sich viel Volk dem Zug an. Man pöbelte die deutschen Soldaten an, spuckte nach ihnen, und einige fanatische junge Burschen riefen den Gendarmen zu: »Schlagt die Hunde tot, geköpft gehören die Spione!« So waren Diehm und Wittmann froh, als sie im Niederbronner Rathaus von den dort einquartierten Artilleristen in Empfang genommen wurden.

Zum Mittagessen mit den französischen Soldaten an einem Tisch sitzend, erfuhren sie, daß Leutnant Winsloe seiner schweren Verwundung erlegen sei, daß die anderen Patrouillenmitglieder in Gefangenschaft wären, und daß man nur noch nicht den Hauptmann Zeppelin erwischt hatte. Sie bekamen ihre Waffenröcke wieder und wurden in Zellen gesperrt, nicht ahnend, welche schweren Tage ihnen noch bevorstehen würden.

Kapitel 21

Graf von Zeppelins Entkommen über die Grenze

Graf von Zeppelin war also der einzige, der dem Desaster entkommen war. Wie bereits berichtet, hatte er ein französisches Chasseurspferd bestiegen und hatte den zu Fuß davonlaufenden Patrouillenmitgliedern noch die Fluchtrichtung angeben können. Dann war er davongaloppiert, verfolgt von dem französischen Unteroffizier Charpentier mit drei Chasseurs.

Graf von Zeppelin wird von französischen Chasseurs verfolgt. Im Hintergrund: Schirlenhof

Mit Riesensätzen sprengte der Graf, der entgegen französischen Berichten nicht verwundet war, über die von Eberbach nach Reichshoffen führende Landstraße in ein Gehölz und, ohne Rücksicht auf die ins Gesicht peitschenden Zweige und Äste, geradewegs hindurch. Da die Franzosen das Waldstück umritten, gewann er einen solchen Vorsprung, daß er die Verfolger abschütteln konnte. Bald war er mit seinem französischen Pferd, das eine ausgezeichnete Kondition hatte, im Großwald. Dieser zieht sich als schmale Waldbrücke von Schirlenhof bis nach Neewiller und geht dann in die umfangreichen Waldungen südlich der pfälzisch-französischen Grenze über. In einem dichteren Gestrüpp hielt der Graf kurz an, um seinem Pferd eine Verschnaufpause zu gönnen. Wenige Minuten später trabte ein Zug Chasseurs, der auf dem Weg nach Schirlenhof war, knapp 200 Meter entfernt an ihm vorbei. Das Pferd blieb ruhig und verriet ihn nicht.

Aber nun hieß es doppelt vorsichtig zu sein. Es war anzunehmen, daß die Chasseurs den Wald systematisch durchkämmen würden. So beschloß er, sich zunächst von seinem Pferd, das ihn leicht verraten konnte, zu trennen und, wenn notwendig, die weitere Flucht zu Fuß fortzusetzen. Er band das Tier tief im Dickicht an einen Stamm und kletterte einige hundert Meter abseits in der Nähe des Waldrands auf eine hohe Buche, um sich dort zu verbergen, aber auch, um die Umgebung besser zu beobachten.

Er berichtete später:

> »Vom Baum aus sah ich, wie sich zwei Dragoner vom Schirlenhof wegschlichen. Ich stieg bald herunter, um zu diesen zu gelangen. Während die Vedetten, mit denen die Franzosen das Gehölz umstellt hatten, nicht hersahen, übersprang ich den Wiesenstreifen am Waldsaum und warf mich im niederen Getreide zu Erde. Das Weiterkriechen in der glühenden Sonne mußte ich bald aufgeben. In den Wald zurückgekehrt, schlief ich mehrere Stunden unter den niederen Ästen einer Buche.«

Zu seinem Glück gaben die Chasseurs die weitere Verfolgung bald auf. Hätten sie planmäßig den Wald durchstreift, so wären sie sicher auf sein Pferd gestoßen und hätten damit den Beweis gehabt, daß der Gejagte noch nicht sehr weit sein konnte.

Erschöpft und bedrückt über den unglücklichen Ausgang des Gefechts überdachte Zeppelin am späten Nachmittag seine Situation. Die Patrouille war zersprengt und aufgerieben. Seinen Untergebenen, von denen er nicht wußte, wieviele noch in Freiheit waren, konnte er nicht mehr helfen. Für ihn kam es jetzt einzig und allein darauf an, so rasch wie möglich und auf dem kürzesten Wege die etwa zwanzig Kilometer entfernte Grenze zu erreichen und, seinem Auftrag entsprechend, in Karlsruhe Meldung über die Feindlage zu erstatten.

Seine ursprüngliche Absicht, sich zu Fuß durchzuschlagen, verwarf er. Er suchte sein Pferd und ritt durch den Wald nach Norden, dabei war die Sonne seine einzige Orientierungsmöglichkeit. Die Karten waren im Wirtshaus Lienhard zurückgeblieben, Ortschaften mußte er meiden. Der Ritt war nach seinen eigenen Aussagen »traurig, beschwerlich und gefährlich«. Als er sich der Straße Froeschwiller – Reichshoffen näherte, entdeckte er berittene französische Posten. Im gestreckten Galopp preschte er zwischen ihnen hindurch und verschwand in dem waldigen Bergland.

Am Ostrand des Neuwaldes, in der Nähe des Hofes Linsenhausen, traf er einen Bauern, der mit Frau und Tochter Gras mähte. Sein Wagen, mit zwei Kühen bespannt, stand in der Nähe. Die Elsässer waren erstaunt, als der fremde Reiter sie fragte, ob er etwas Milch haben könne. Der Bauer, er hieß Peter Wendling, soll erschrocken zurückgefragt haben:

> »Ja, ich würde Euch schon gern welche geben, wenn ich ein Geschirr hätte, in das ich melken könnte.«

Mit der Bemerkung, daß man dem abhelfen könne, zog Zeppelin seinen ledernen Trinkbecher aus der Tasche und die Bäuerin molk den Becher dreimal voll.

Die erwachsene Tochter gab ihm einige Birnen als Wegzehrung und beklagte sich, daß auch »ihr Schatz« zu den Soldaten eingezogen sei. Der Graf dankte mit einem Zweifrankenstück und ritt rasch weiter. Wieder hatte er unwahrscheinliches Glück gehabt. Während seines Aufenthaltes bei den Wendlings waren einige erneut zu seiner Verfolgung angesetzte Chasseurs in etwa 300 Metern Entfernung an ihm vorbeigeritten.

Graf von Zeppelin und der Wendlingpeter

Weiter ging es durch den Langensoultzbacher Wald nach Norden. Ein starkes Gewitter und die einbrechende Dunkelheit bewahrten Zeppelin endgültig vor weiterer Verfolgung. Das Gehöft Guensthal, aus dem starkes Hundegebell erscholl, mied er. Bei fast völliger Dunkelheit kam er in das dicht bewaldete, enge Soultzbachtal. Todmüde, und von Regenschauern durchnässt, ritt er in trübsinniger Stimmung durch den ihm unbekannten Tann. Er grübelte darüber nach, ob es richtig war, allein vom Schirlenhof wegzureiten. Aber was hätte er nach dem verlorenen Gefecht anders tun können und, wenn er bis zur letzten Kugel gekämpft hätte? Was wäre dann aus seinem Auftrag geworden? Sollte das Unternehmen jetzt noch einen Sinn haben, dann mußte er alles tun, denen, die ihn entsandt hatten, Bericht zu erstatten.

Seine Gedanken wurden jäh unterbrochen, als er vor sich ein einsames Haus gewahrte, durch dessen Fensterläden Licht fiel. Rasch stieg er vom Pferd und klopfte – es war eine Stunde vor Mitternacht – an die Haustür. Auf die Frage, wer draußen sei, erwiderte er: »Ein Offizier auf Patrouille, gibt es hier etwas zu trinken?«

Eine verängstigte Frau mit zwei minderjährigen Kindern im Hintergrund öffnete. Sie hielt den Fremden für einen Franzosen und als gläubige Mennonitin bot sie ihm Speis', Trank und Nachtquartier an. Die Leute machten auf den Grafen einen so vertrauenserweckenden Eindruck, daß er ohne Furcht das Angebot annahm. Er trank noch zwei Schoppen Rotwein, hängte seinen nassen Uniformrock über einen Stuhl und fiel in einen tiefen Schlaf.

Noch später in der Nacht kam der Ehemann der Köhlersfrau, Peter Müller, genannt der »Schloß-Peter« in das Haus. Er war durch den heftigen Gewitterregen im benachbarten Neewiller zurückgehalten worden. Er wunderte sich über das Aussehen und die Uniform des angeblich französischen Gastes, schöpfte jedoch keinen weiteren Verdacht.

Doch bereits gegen 3.30 Uhr sattelte Zeppelin wieder sein Pferd. Er ließ sich von Schloßpeter noch den nächsten Weg zur Grenze schildern, gab ihm ein Zehnfrankenstück und verabschiedete sich mit einem herzlichen »Vergelt's Gott!« Als er sich in den Sattel schwang, sollen dem Köhler doch Bedenken gekommen sein, und er soll zu seiner Frau gesagt haben: »Jesses Fraa, ich glab, des isch so ei preissischer Soldat, un auch noch n' hoher!«*

Nach alten Chroniken soll Schloßpeter für seine Gastfreundschaft nach dem Kriege bis an sein Lebensende jährlich von dem Grafen zwanzig Mark erhalten haben. Dies entspricht nicht den Tatsachen. Schloßpeter ist nach dem Kriege in die Vereinigten Staaten von Amerika ausgewandert. Sein Großneffe, Henri Herkommer in Langensoultzbach, hatte bis zur Evakuierung des Dorfes im Jahre 1939 in seiner Bibel noch einen Brief Zeppelins an Schloßpeter, in dem sich der Graf für die Gastfreundschaft bedankte und dem er 120 Mark beigefügt hatte.

Graf von Zeppelin ritt nun das Soultzbachtal aufwärts, um den Mohnenberg herum und in das Steinbachtal. Die steilen Hänge beiderseits des Baches nötigten ihn, durch den Ort Niedersteinbach ein Stück auf der

* Das Haus Schloßpeters ist heute nicht mehr vorhanden. Die in manchen Chroniken und Berichten erwähnte Soultzbachthal-Ferme, die heute noch als einziges Haus in dem Tal steht, war nicht der Schauplatz dieser Ereignisse.

belebten Straße Bitche – Weißenburg zu reiten, wo er jeden Augenblick auf feindliche Patrouillen stoßen konnte.

Etwa einen Kilometer ostwärts des Ortes, an einer Brücke, sah er zu seinem großen Schrecken zwei Douaniers stehen. Was tun? Sollte er kehrt machen und zurückreiten? Er hätte sich damit verdächtig gemacht. So trabte er kaltblütig auf die französischen Grenzbeamten zu, salutierte – wie Leutnant von Gayling an der Bienwald-Brücke – und galoppierte dann querfeldein den Hang hinauf bis zur Grenze. Die Douaniers hielten den Grafen für einen französischen Offizier, weil sein Pferd französisches Sattelzeug hatte und seine Uniform der der Chasseurs glich. So ließen sie ihn in Richtung »Feindesland« passieren, wofür sie später noch lange von ihren Mitbürgern gehänselt wurden.

Am Col de Hirchtenbach erreichte Zeppelin gegen fünf Uhr morgens die rettende Grenze. Als er die bayerisch-pfälzischen Grenzpfähle hinter sich wußte, konnte er aufatmen. Eine weitere Verfolgung war ausgeschlossen. Noch heute erinnert eine große Buche, die in den Karten als »Hêtre de Zeppelin« verzeichnet ist, an diesen denkwürdigen Augenblick am 26. Juli 1870.

Zeppelin ritt nun weiter nach Hirschthal. Dort traf er auf die ersten bayerischen Vorposten. Von der nächsten Telegrafenstation aus setzte er eine Vorausmeldung an das Kommando der Badischen Felddivision in Karlsruhe ab. Sie besagte, daß im Raum ostwärts der Sauer noch keine französischen Truppen aufmarschiert waren, daß ein Vormarsch gegen die Lauterlinie im Augenblick nicht zu erkennen sei und daß in Niederbronn ein Husaren-Regiment (Zeppelin hatte es mit dem Chasseurs-Regiment verwechselt – der Verfasser) biwakieren würde.

Ein Schuljunge führte den Grafen, der wegen der Erschöpfung seines Pferdes zu Fuß weiter gehen mußte, nach Nothweiler. Dort labten sich Roß und Reiter ausgiebig an dem heute noch so benannten »Zeppelin-Brunnen«. Die Kunde von dem fremden Reiter hatte sich im Dorf schnell verbreitet. Viele Dorfbewohner umringten ihn, bestaunten seine Uniform und sein Pferd mit dem französischen Sattelzeug. Nach einem von gastfreundlichen Nothweilern gespendeten Frühstück setzte Zeppelin seinen Ritt nach dem 45 Kilometer entfernten Karlsruhe fort.

Gegen 13.00 Uhr traf er südlich Winden den Hauptmann im Generalstab von Friedeburg. Dieser war im Auftrage des Chefs des Stabes der Badischen Felddivision in Bergzabern gewesen, um die Vorpostenaufstellung an der Lauter mit den Bayern zu koordinieren. Wieder auf dem Rückwege nach Karlsruhe lud er Zeppelin ein, in seinem Wagen mitzufahren. Der Graf, an diesem Morgen schon wieder 30 Kilometer im Sattel, ließ sich das nicht zweimal sagen. Während der vierstündigen Fahrt soll er, nach Friedeburgs Angaben, trotz der holprigen Landstraße fest geschlafen haben.

Gegen fünf Uhr nachmittags traf Zeppelin bei der Division in Karlsruhe ein. Er erstattete dem Kommandeur, Generalleutnant von Beyer und dem Chef des Stabes, Oberstleutnant von Lesczynski, unverzüglich einen detaillierten Bericht über Verlauf und Ende der Patrouille und über das Aufklärungsergebnis.

Der General war sichtlich erleichtert und ließ sofort die wichtige Nachricht, daß ostwärts Woerth noch keine Verbände des Marschalls Mac Mahon aufmarschiert waren, an das Hauptquartier der 3. preußischen Armee weitergeben. Damit erhielt die deutsche Führung die Gewißheit, daß mit einem Angriff der Franzosen aus dem unteren Elsaß heraus auf die Pfalz zumindest vorerst nicht zu rechnen war. Der Aufmarsch der deutschen Verbände konnte also ungestört fortgesetzt werden.

Der Divisionskommandeur war froh, daß Graf von Zeppelin gesund und heil zurückgekommen war und ließ unverzüglich ein entsprechendes Telegramm an den Kommandeur der württembergischen Kavallerie-Brigade, Generalmajor von Scheler, aufgeben.

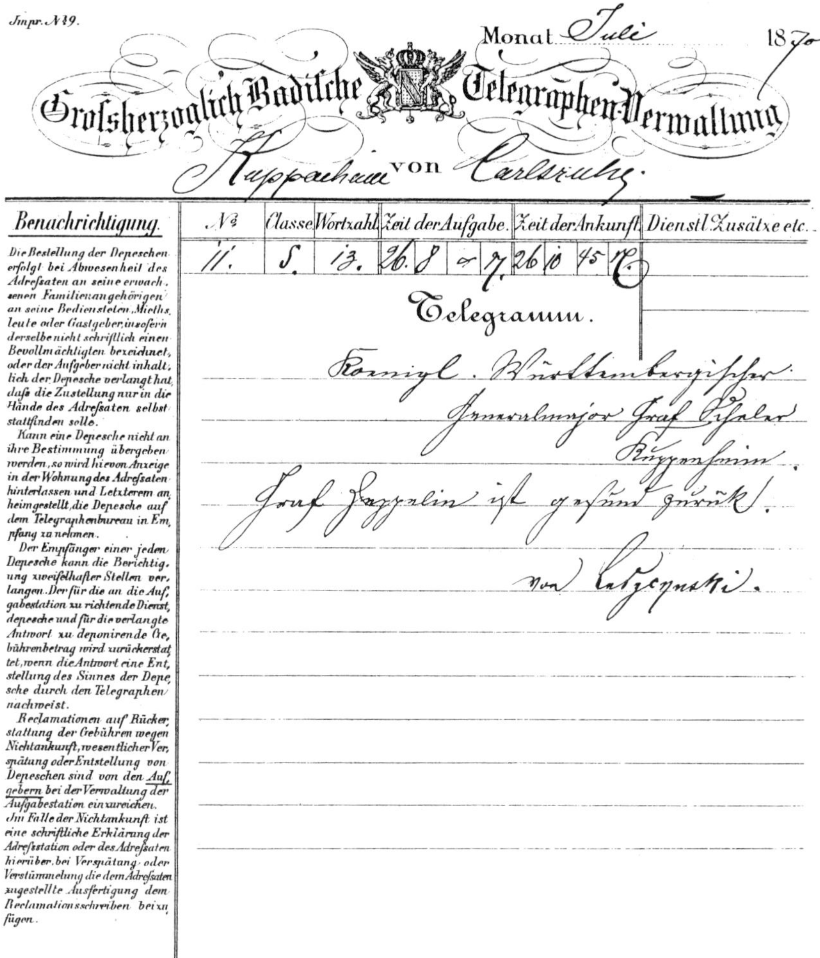

Vorlage und Aufnahme: Hauptstaatsarchiv Stuttgart, E 286 VI Nr. 39

Generalleutnant von Beyer hatte sich große Sorgen um die Patrouille gemacht, als sie entgegen ihrem Auftrag, am 26. Juli in der Frühe noch nicht wieder zurückgekehrt war. Er hatte deshalb – wie im Kriegstagebuch der Division festgehalten – ein Detachement, bestehend aus einer Eskadron Dragoner und zwei Infanterie-Kompanien unter Führung von Major Bauer zu einer gewaltsamen Erkundung über Lauterburg Richtung Seltz in Marsch gesetzt. Doch alles Suchen war umsonst; die Spur hatte sich in Oberlauterbach verloren. Der Divisionskommandeur verhehlte dem Grafen nicht sein Bedauern, daß dieser nur allein zurückgekommen war und daß nun das Generalkommando über das Schicksal der acht badischen Dragoner im unklaren blieb.

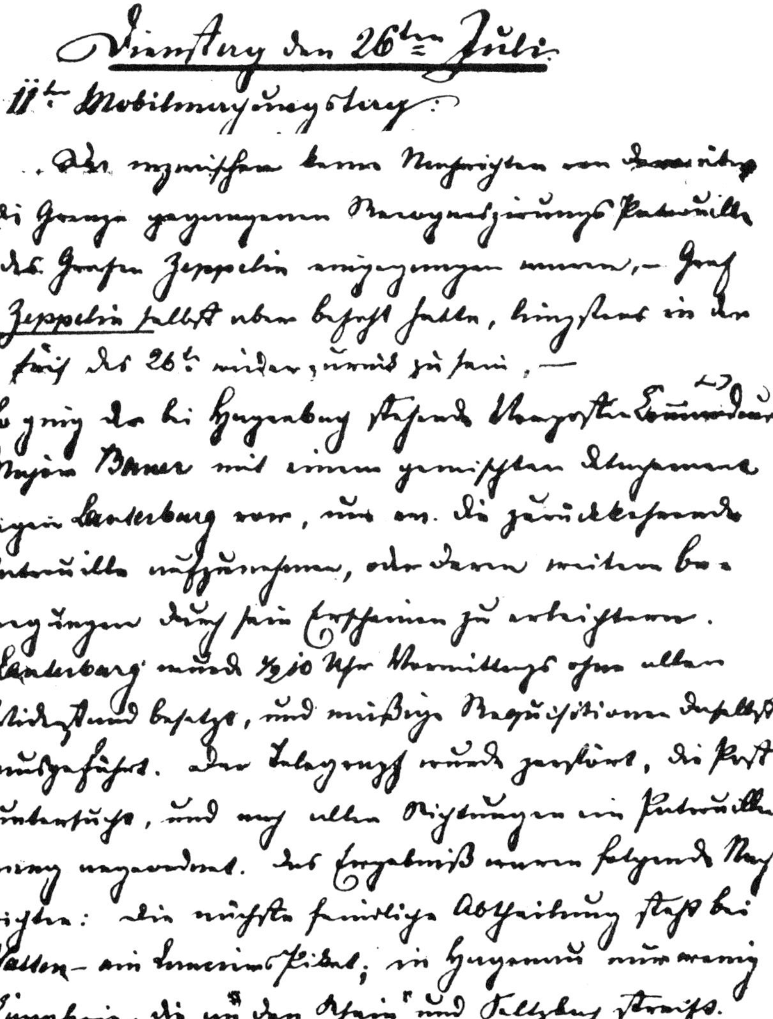

Dienstag den 26ten Juli.
11ter Mobilmachungstag:
Da inzwischen keine Nachrichten von der über
die Grenze gegangenen Recognoscirungs-Patrouille
des Grafen Zeppelin eingegangen waren, — Graf
Zeppelin selbst aber befohlen hatte, längstens in der
Früh des 26ten wieder zurück zu sein, —
so ging der bei Hagenbach stehende Vorposten-Commandeur
Major Bauer mit einem gemischten Detachement
gegen Lauterburg vor, um entw. die zurückkehrende
Patrouille aufzunehmen, oder deren weitere Be-
wegungen durch sein Erscheinen zu erleichtern.
Lauterburg wurde ½10 Uhr Vormittags ohne allen
Widerstand besetzt, und mäßige Requisitionen daselbst
ausgeführt. Der Telegraph wurde zerstört, die Post
untersucht, und nach allen Richtungen ein Patrouillen-
gang angeordnet. Als Ergebniß waren folgende Nach-
richten: die nächste feindliche Abtheilung steht bei
Hatten – [illegible]; in Hagenau nur wenig
[illegible], die an den Rhein und [illegible] streifen.

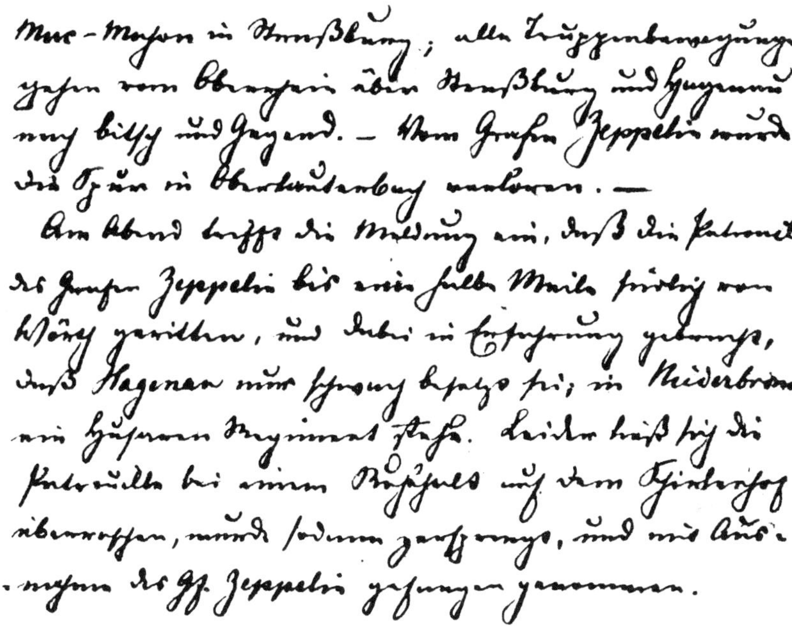
Mac-Mahon in Straßburg; alle Truppenbewegungen
gehen vom Oberrhein über Straßburg und Hagenau
nach Bitsch und Gegend. – Vom Grafen Zeppelin wurde
die Spur in Oberlauterburg verloren. –
Am Abend trifft die Meldung ein, daß die Patrouille
des Grafen Zeppelin bis eine halbe Meile südlich von
Wörth geritten, und dabei in Erfahrung gebracht,
daß Hagenau nur schwach besetzt sei; in Niederbronn
ein Husaren Regiment stehe. Leider ließ sich die
Patrouille bei einem Ruhehalt auf dem Schirlenhof
überraschen, wurde sodann zersprengt, und mit Aus-
-nahme des Gf. Zeppelin gefangen genommen.

Aus: Kriegstagebuch der Großherzoglich-Badischen Division im Feldzug 1870/71 Erster Teil (Generallandesarchiv Karlsruhe Abt. 456 E V 4, Band 49)

Dienstag den 26ten Juli
11ter Mobilmachungstag.
Da inzwischen keine Nachrichten von der über die Grenze gegangenen Rekognoszierungs-Patrouille des Grafen Zeppelin eingegangen waren, – Graf Zeppelin selbst aber Befehl hatte, längstens in der Früh des 26ten wieder zurück zu sein, – so ging der bei Hagenbach stehende Vorposten-Commandeur Major Bauer mit einem gemischten Detachement gegen Lauterburg vor, um ev. die zurückkehrende Patrouille aufzunehmen, oder deren weiteren Bewegungen durch sein Erscheinen zu erleichtern.
Lauterburg wurde ½10 Uhr Vormittags ohne allen Widerstand besetzt, und mäßige Requisitionen daselbst ausgeführt. Der Telegraph wurde zerstört, die Post untersucht, und nach allen Richtungen ein Patrouillengang angeordnet. Das Ergebnis waren folgende Nachrichten: die nächste feindliche Abtheilung steht bei Hatten – ein Lanciers-Picket, in Hagenau nur wenig Cavalerie, die an den Rhein und Seltzbach streift. Mac-Mahon in Straßburg; alle Truppenbewegungen gehen vom Oberrhein über Straßburg und Hagenau nach Bitsch und Gegend. – Vom Grafen Zeppelin wurde die Spur in Lauterburg verloren. –
Am Abend trifft die Meldung ein, daß die Patrouille des Grafen Zeppelin bis eine halbe Meile südlich von Wörth geritten, und dabei in Erfahrung gebracht, daß Hagenau nur schwach besetzt sei; in Niederbronn ein Husaren-Regiment stehe. Leider ließ sich die Patrouille bei einem Ruhehalt auf dem Schirlenhof überraschen, wurde sodann zersprengt, und mit Ausnahme des Gf. Zeppelin gefangen genommen.

Kapitel 22

Die Auswirkungen des Patrouillenritts in Frankreich

Die Meldung von der Zerschlagung der Patrouille und das Einbringen von sieben Gefangenen gelangte über den Chef des Generalstabes der französischen Armee, Marschall Leboef, noch am späten Nachmittag nach Paris. Die französische Regierung hatte eine willkommene Gelegenheit, der öffentlichen Meinung einen ersten Erfolg im Kriege gegen Deutschland zu präsentieren. Extrablätter brachten das Ereignis in großer Aufmachung: »La première victoire – la bataille de Schirlenhof!« Mit Illuminationen wurde in den Straßen dieser Sieg gefeiert.

In den Dörfern des unteren Elsaß hatte sich die Kunde von dem Erfolg der 12. Chasseurs rasch herumgesprochen. Doch neben dem Stolz und der Erleichterung machte sich – insbesondere bei den Älteren – eine gewisse Beklemmung breit. Herrschte doch, wie einem zeitgenössischen Bericht zu entnehmen ist, im Elsaß der feste Glaube, daß »die Preußen vor unseren Soldaten Todesangst hätten und daß keiner es wagen würde, die Grenze zu überschreiten.« Nun waren die Deutschen dennoch tief ins Land eingedrungen. In den Grenzdörfern breitete sich Furcht vor weiteren Überfällen aus. Die Warnungen der Militär- und Zivilbehörden wurden nun ernst genommen, zumal nach dem Gefecht in Schirlenhof die Grenzwachen verstärkt wurden und Lanciers-, Chasseurs- und Husarenpatrouillen in größerer Zahl das Grenzgebiet durchstreiften.

Die französischen Militärs waren über den Wagemut und über die Kühnheit der deutschen Kavallerie überrascht. So wurde im Kriegstagebuch des 5. frz. Armeekorps unter dem 24. 7. 1870 festgehalten:

»Cette petite rencontre qui ait eu lieu entre les deux armées belligerantes prouve déja avec quelle hardiesse la cavalerie allemande sait éclairer le pays et traverser nos lignes d'avant pour aller aux renseignements.«

In dem 1872 in Paris erschienenen Buch »La Cavalerie française« bringt Oberstleutnant T. Bonie seine Bewunderung über den Zeppelinschen Erkundungsritt – wenn auch in etwas pathetischer Form – wie folgt zum Ausdruck:

»Von Beginn des Krieges an bewies uns die deutsche Kavallerie durch Handstreiche an der östlichen Grenze ihre Gewandheit und Intelligenz. Mit unerhörter Kühnheit überschritt sie die Grenze. Einige Reiter auswählend, schickt sie dieselben auf unser Gebiet, um zu beobachten und zu sehen. In kleiner Anzahl, zu fünf oder sechs, galoppieren sie dahin, zerstören die Telegraphendrähte, auf den Hals ihrer Pferde gebeugt, durchjagen sie die Dörfer und beängstigen die Bevölkerung. Dies ist ein getreues Bild ihrer Art und Weise. Sie kommen, jagen wie der Wind und verschwinden ebenso schnell, um heimzukehren... Auf diese Weise debütierte die deutsche Kavallerie, von Anfang an zeigend, daß sie ein unbegrenztes Vertrauen auf die Kühnheit ihrer Mannschaft und die Tüchtigkeit ihrer Pferde setzte.«

Der Generalstab der französischen Armee zog rasch die Schlußfolgerungen aus dem Gefecht in Schirlenhof und gab noch im Juli an die Kommandierenden Generale der Korps die Weisung aus, in großzügigerem Rahmen die französischen Kavallerieverbände zu Rekognoszierungen an der gesamten Saarfront einzusetzen. Dabei sollten sich die Patrouillen nicht scheuen, auch über die Grenze hinaus vorzugehen. Es sei aber zu beachten, daß die deutschen Soldaten den Sicherheitsdienst für ihre Feldlager und Biwaks in sehr geschickter Weise ausübten.

Ein Nachwort

Der Rekognoszierungsritt des Grafen von Zeppelin mit den badischen Dragonern in das untere Elsaß ist in die Geschichte eingegangen. Er wurde in Deutschland zunächst überdeckt durch die erfolgreichen Kämpfe der verbündeten Truppen in Frankreich, vor allem durch den Sieg von Sedan. Dann aber, in der Zeit zwischen 1880 und 1910, als über den Krieg 1870/71 Einzeldarstellungen erschienen – das nationale Element trat mehr und mehr in den Vordergrund –, wurden auch viele Berichte über das waghalsige Unternehmen, vor allem in Truppenchroniken und Militärzeitschriften veröffentlicht. Gefördert wurde die Flut der Berichte noch durch die späteren Erfolge des Patrouillenführers als Erbauer des lenkbaren Luftschiffs.

Im unteren Elsaß ist die Erinnerung an das Auftauchen deutscher Kavallerie bis heute noch wach geblieben. Mit größerem zeitlichen Abstand wurde in Deutschland der Patrouillenritt mehr und mehr als die Heldentat des Grafen von Zeppelin glorifiziert. In zeitgenössischen Gedichten wird der Ritt sogar mit Lützows wilder verwegener Jagd verglichen.

Ohne Zweifel war das Unternehmen, trotz seines ungünstigen Ausgangs, ein militärischer Erfolg. Das erzielte Aufklärungsergebnis gab der in Versammlung befindlichen 3. preußischen Armee die Möglichkeit, ungestört und planmäßig ihren Aufmarsch in der Pfalz zu beenden, um dann das Gefecht bei Weißenburg und anschließend am 6. August 1870 die siegreiche Schlacht von Woerth (die Franzosen sprechen von der »Bataille de Reichshoffen«) zu schlagen.

Natürlich sind bei Anlage und Durchführung des Patrouillenritts auch

Fehler gemacht worden. Die Kritik in den Veröffentlichungen befaßt sich im wesentlichen mit

- der übereilten Zusammenstellung der Patrouille und ihrer Stärke,
- der mangelnden Ausbildung und Ausrüstung der deutschen Kavallerie für solche Einsätze,
- die fortschreitend nachlassende Vorsicht der Patrouille im Feindesland,
- der eigenmächtigen Überschreitung des gegebenen Auftrags.

Und schließlich wird in einigen Berichten die Frage gestellt, ob nicht der Führer der Patrouille bei seinen Leuten in Schirlenhof hätte bleiben müssen, anstatt die Flucht zu ergreifen und allein zum Divisionskommando nach Karlsruhe zurückzukehren.

Eine Stellungnahme zu dieser Kritik vor allem, soweit sie heute noch erhoben wird, bedarf jedoch vorsichtiger Differenzierung. Zu vieles hat sich in den über einhundert Jahren nach dem Geschehen verändert: die Auffassungen über die Ethik des Soldatenberufs, die taktischen Einsatzgrundsätze, die waffentechnische Ausrüstung der Truppe und die Umwelt, um nur einige Punkte zu nennen.

Sicherlich war die Zusammenstellung der Patrouille innerhalb von wenigen Stunden, wobei man sogar den so wichtigen Hufschmied vergaß, übereilt. Aber die mit der Sicherung des Armeeaufmarsches beauftragte Badische Felddivision konnte keine Zeit verlieren. Jeder für die Aufklärung gewonnene Tag war wichtig.

Es ist auch richtig, daß die Patrouille mit zwölf Reitern zu groß war. Daran war Zeppelin nicht schuld. Er hatte vom Chef des Stabes nur einen Begleitoffizier und drei Dragoner gefordert. Nachdem sich die Patrouille in Hagenbach in der von der Division befohlenen Stärke versammelt hatte, wäre es vielleicht zweckmäßiger gewesen, sie in mehrere selbständig operierende Einzelspähtrupps aufzugliedern. So bemerkt General von Verdy in seinem 1895 erschienenen Buch von der Deutschen Reiterei: »Es ist besser, mehrere Patrouillen unter Offizieren nach verschiedenen Richtungen auszusenden, als mehrere Offiziere zu einer Patrouille zu vereinigen. Zum Fechten sind diese kleinen Patrouillen nicht bestimmt und was zu sehen ist, kann auch e i n Offizier erkennen.«

Die deutsche Kavallerie war für diese Fernspähtrupptätigkeit weder ausgebildet noch ausgerüstet. In den Manövern war bis zum Kriege 1870/71 im allgemeinen nur der Einsatz geschlossener Verbände zu Attacken und einfache Patrouillentätigkeit exerziert worden. Rekognoszierungsritte tief in das Territorium eines Feindes waren kaum geübt worden. In der Zerstörung der für die gegnerische Führung damals besonders wichtigen Telegrafenleitungen oder gar in der Unterbrechung von Bahnlinien war die deutsche Kavallerie nicht ausgebildet. Das hierzu notwendige Handwerkszeug fehlte. Auch stellte sich in diesem Kriege bald heraus, daß die deutsche Kavallerie keine für ein Gefecht zu Fuß brauchbare Schußwaffe besaß, ganz im Gegensatz zu den mit den Chassepot-Karabinern ausgerüsteten französischen Chasseurs à cheval.

Das allzu ungezwungene Verhalten der Patrouille im Feindesland bietet Anlaß zu ernster Kritik. Der Galopp durch das befestigte Lauterburg am hellichten Tage – heute würde man bei Nacht und Nebel die Lauter überschreiten – war sicher sehr bravourös. Er hätte aber, wenn das Westtor geschlossen gewesen wäre, zu einem Desaster geführt.

Auch ist nur schwer zu verstehen, warum zum Tränken immer die ganze Patrouille in die Ortschaften (Neewiller, Croettwiller, Birlenbach, Schirlenhof) ritt, statt in einzelnen Gruppen, so daß der Rest die Sicherung übernehmen konnte. Offenbar bedingt durch die hochsommerliche Hitze und die zunehmende Ermüdung ließ die Vorsicht von Stunde zu Stunde nach, obgleich genau das Gegenteil notwendig gewesen wäre; denn mit jeder Stunde näherte sich die Patrouille mehr dem Feind.

Auch war die von Zeppelin gegebene Weisung: »jeder doppelt stärkeren feindlichen Reiterabteilung keck entgegen zu reiten«, wie von Villiez in seinem Tagebuch schrieb, sicher falsch. Das Einverständnis der badischen Dragoneroffiziere mit diesem Vorgehen läßt sich nur aus dem Reiter- und Kampfgeist der damaligen Zeit erklären.

Der gravierendste Fehler war aber wohl der Entschluß des Patrouillenführers, seinen Auftrag eigenmächtig zu erweitern. Wie aus dem Kriegstagebuch der Badischen Felddivision klar hervorgeht, sollte die Patrouille nur bis Woerth aufklären und spätestens am 26. Juli in der Frühe über die Grenze zurück sein. Hätte die Patrouille am Morgen des 25.

nach Erreichen der Sauer auftragsgemäß kehrt gemacht, wäre noch am gleichen Tage die Grenze auf direktem Wege erreicht worden. Zwischen Woerth und den südlichen Höhen des Pfälzer Waldes standen keine französischen Einheiten, die der Patrouille gefährlich werden konnten. Die Ausdehnung der Erkundung bis zur Eisenbahnlinie Hagenau-Niederbronn führte zu der unglücklichen Rast in Schirlenhof und letztlich zur Vernichtung der Patrouille. Die Gründe für den verhängnisvollen Entschluß des Grafen zum Weiterritt, dazu auch noch mitten durch das Städtchen Woerth, lassen sich nur so erklären, daß bis jetzt eben alles gut gelaufen war, und daß man auf keinen Feind gestoßen war. Sicherlich hat auch das von Wagemut und Kühnheit geprägte Naturell des Patrouillenführers eine Rolle gespielt. Auch ist es nicht zu verstehen, warum Graf Zeppelin von Woerth, seinem Aufklärungsziel, keine weitere Zwischenmeldung abgesandt hat.
Auch in Schirlenhof wurde eine ganze Reihe von Fehlern gemacht. Trotz der Feindnähe, die der Patrouille beim Durchreiten von Woerth bekannt geworden war, machte man mit allen Pferden in einer Hofreite Rast. An den Dorfenden wurden keine Alarmposten aufgestellt.

Offiziere und ein Teil der Mannschaften warteten im Inneren des Gasthauses auf Eierkuchen und Speck, anstatt bei den Pferden zu bleiben und »Hand am Zügel« während des Fütterns etwas zu essen. Ähnliche Unbekümmertheit muß auch bei anderen Kavalleriepatrouillen im Kriege vorgekommen sein. So schrieb der oben zitierte General von Verdy:

> »Das Rasten in einem Wirtshause bzw. in einem Bauerngehöft ist immer gefährlich und wir werden noch öfters sehen, daß dadurch Überfälle veranlaßt und Verluste herbeigeführt wurden, welche bei größerer Vorsicht hätten vermieden werden können. So mancher deutsche Reiter hat einen frischen Trank mit einer Kugel oder mit der Gefangenschaft büßen müssen.«

Bleibt zum Schluß noch die Prüfung der Frage, ob der Patrouillenführer nach dem sich abzeichnenden Verlust des Gefechts bei seinen Leuten in Schirlenhof hätte bleiben müssen, anstatt mit dem Chasseurspferd zu entfliehen. Zunächst ist festzustellen, daß ein Sammeln der Patrouille im letzten Stadium des Kampfes für Graf von Zeppelin nicht mehr möglich war. Alle Mitglieder, außer dem tödlich verwundeten Leutnant Winsloe, hatten die unerwartete, nur wenige Minuten dauernde Gefechtspause dazu benutzt, um sich durch Flucht aus dem Lienhardschen Gehöft der Gefangennahme zu entziehen. Die eigenen Pferde konnten nicht benutzt werden. Hätte in dieser Situation Graf von Zeppelin, am Platz bleibend, bis zur letzten Patrone feuern oder sich allein mit dem Säbel noch wehren sollen gegen eine Übermacht von fünfzehn Chasseurs? Auch damit hätte er den Zusammenhalt der Patrouille nicht mehr herstellen und niemandem helfen können.

Vor allem aber wäre der Auftrag der Fernpatrouille nicht erfüllt worden. Die 3. Armee hätte nicht erfahren, daß das Elsaß zwischen Lauter und Sauer noch feindfrei war. Und als letztes: alle Opfer, der Tod Winsloes, die Verwundungen und die Gefangenschaft des größeren Teils der Patrouille wären völlig umsonst gewesen!

Die Auffassungen von Feind und Freund über das Verhalten des Patrouillenführers seien mit zwei Zitaten wiedergegeben:

Der französische Militärschriftsteller Bonie schrieb 1872 in seinem Buch über die französische Kavallerie zu Zeppelins Flucht:

> »Was liegt daran? Es genügt, daß ein Einziger entrinnt, zurückkehrt und erzählt, was er gesehen hat. Dann ist das gewünschte Resultat erzielt!«

Und Major von Loßberg, der Bataillonskommandeur des Leutnants von Villiez, kommentierte 1875 dessen schriftlichen Bericht über den Ritt:

> »Wenn auch von der Patrouille nur Graf Zeppelin glücklich zurückkam, so war der Zweck der Rekognoszierung doch erreicht und hatte die kleine Schar durch ihre Kühnheit die Achtung ihres Gegners erworben.«

Hauptmann Graf von Zeppelin handelte nach dem für alle Armeen geltenden Grundsatz, daß die Erfüllung des Auftrags die oberste Aufgabe, und entschlossenes Handeln das erste Erfordernis im Kriege ist.

Anhang

Das weitere Schicksal der Patrouillenmitglieder

Die Gefreiten Diehm und Wittmann

Bereits am 28. Juli wurden die beiden Dragoner-Gefreiten unter scharfer Bewachung zum Bahnhof Niederbronn gebracht und zusammen mit französischen Infanteristen in einen Militärzug verladen. Spät abends hielt der Zug in Bitche; die Gefangenen mußten die Nacht im Arrestlokal einer Kaserne verbringen. Am nächsten Tag ging es mit dem Zug weiter. Die Fahrt endete in Metz, das den Dragonern wie ein großer militärischer Ameisenhaufen vorkam. Zu ihrer großen Enttäuschung wurden sie in das städtische Gefängnis eingesperrt, wo sie die morgentlichen Runden im Hofe mit Dieben und Verbrechern drehen mußten.

Am dritten August wurden sie durch die Straßen von Metz geführt, gefolgt von einer johlenden Horde Jugendlicher. Nach einer Vernehmung durch einen französischen Offizier in einem Gasthaus brachten Gendarmen die beiden Deutschen in das Fort »Belle Croix«, das spätere Fort »Steinmetz«. Der ihnen dort als Quartier zugewiesene kleine und schmutzige Küchenraum war zwar wenig einladend, doch die Dragoner waren froh, wieder unter Soldaten zu sein. Mit der französischen Wachmannschaft freundeten sie sich so gut an, daß sie zusätzlich zu der obligatorischen Suppe gelegentlich auch noch Brot, Fleisch und Wein bekamen.

Zwei Tage später bekamen Diehm und Wittmann Gesellschaft: 29 Soldaten des Hohenzollernschen Füsilier-Regiments Nr. 40, die bei den Kämpfen bei Saarbrücken in Gefangenschaft geraten waren. Zusammen in einer Kasematte untergebracht, gab es viel zu berichten. Bis Mitte August stieg die Zahl der deutschen Gefangenen auf über siebenhundert. Mit der Einschließung der Festung Metz verschlechterte sich ihre Lage: Von Tag zu Tag wurden die Rationen knapper. Meist gab es nur eine magere Brotsuppe, ab und zu etwas Pferdefleisch oder Zwieback.

Der Verlust an Mannschaften in den Kämpfen um Metz, sowie die allmählich zur Neige gehenden Lebensmittelvorräte in der Festung veranlaßten Marschall Bazaine, mit der deutschen Führung einen Austausch der Gefangenen zu vereinbaren. Am 25. August, nach Anbruch der Dunkelheit, wurden die deutschen Gefangenen, eskortiert von französischen Infanteristen, aus Metz herausgeführt. Soweit sie sehen konnten, erblickten sie die Biwakfeuer der deutschen Truppen, die die Stadt eingeschlossen hatten.

Als der Zug der Gefangenen an den äußersten Vorposten angekommen war, bließ ein französischer Trompeter mehrere Signale. Bald darauf erschien ein deutsches Übernahmekommando. Ein letzter Zählappell und die 734 deutschen Soldaten waren wieder in Freiheit. Nach einer kurzen nächtlichen Rast in Gravelotte meldeten sich Diehm und Wittmann bei einem Etappenkommando in Ars. Da dort niemand wußte, wo die Truppen der Badischen Felddivision standen, schlossen sie sich bayerischen Artilleristen an. Bei Meaux (25 km ONO Paris) trafen sie auf ihren Patrouillenführer, Graf Zeppelin, der ihren Rücktransport mit der Eisenbahn veranlaßte, so daß sie nach einem langen Umweg am 3. 10. 1870 wohlbehalten wieder in Karlsruhe eintrafen.

Diehm lebte bis 1926 als Tünchermeister in Waibstedt, Wittmann starb bereits 1892 in Kälbertshausen bei Mosbach.

Gefreiter Zilly und Dragoner Kraus

Die im zweiten Stock des Niederbronner Kurhauses untergebrachten verwundeten Dragoner durchlebten Tage dumpfer und beklemmender Ungewißheit. Von Pfarrer Simon hatten sie erfahren, daß Leutnant Winsloe seinen Wunden erlegen war, und daß Oberleutnant von Wechmar, Leutnant von Villiez und ihr Kamerad Weiß als Gefangene abtransportiert worden waren. Auch hatte eine der sie rührend pflegenden

Schwestern des Niederbronner Klosters ihnen mitgeteilt, daß den Gefreiten Diehm und Wittmann die Flucht mißlungen war, und daß sie mit einem Militärzug weggebracht worden waren.

Das Essen, gespendet von Niederbronner Bürgern, war reichlich und gut. Badearzt Dr. Klein kam jeden Tag und verband ihre Wunden. Die im Städtchen kursierenden Gerüchte von einem großen Sieg der Franzosen bei Saarbrücken bedrückte sie, aber dann schöpften sie Hoffnung auf eine baldige Befreiung. Am 4. August abends erfuhren sie von Pfarrer Simon, daß eine französische Division bei Weißenburg eine Schlacht verloren habe.

Am 5. August sahen sie, wie alle in Niederbronn stationierten französischen Truppen in Richtung Reichshoffen vorrückten. Der vor ihrer Tür stehende Chasseursposten war durch einen Gendarmen ersetzt worden. Am nächsten Tag hörten sie in der Ferne den ganzen Tag anhaltenden Kanonendonner der Schlacht bei Woerth. Schon am Mittag kamen die ersten französischen Verwundeten in das zu einem Lazarett umgewandelte Kurhaus.

Am Nachmittag des 6. August konnten Kraus und Zilly von ihren Fenstern aus die durch Niederbronn eilig abziehenden Truppen des Marschalls Mac Mahon beobachten. Kurz vor Dunkelheit stürmten bayerische Truppen mit gefälltem Bajonnet in die Stadt. Beim Anblick der deutschen Soldaten fielen sich die beiden Dragoner um den Hals. Kurz darauf konnten sie sich bei einem bayerischen Oberst der Avantgarde melden. Sie berichteten ihm über den Ausgang des Patrouillenritts und die gute Behandlung durch die Niederbronner Bürger.

Die beiden Dragoner mußten noch einige Tage in Niederbronn bleiben, bis Kraus transportfähig war. Am 11. August kam der ersehnte Tag der Heimkehr. Eskortiert von bayerischen Soldaten verließen sie im Zuge eines Gefangenen- und Verwundetentransports die Stadt. Als sie auf ihren von Kühen gezogenen Wagen sitzend durch Reichshoffen kamen, standen die Einwohner stumm und gedrückt in den Haustüren. Welch ein Unterschied zu dem Jubel, als Kraus und Zilly vor gut zwei Wochen in umgekehrter Richtung die Stadt passiert hatten! Erst gegen vier Uhr morgens erreichte der Transport Soultz. Von dort wurden noch am gleichen Tage alle Verwundeten und Gefangenen mit der Eisenbahn nach Karlsruhe gebracht.

Zilly und Kraus kamen in das dortige Lazarett. Es dauerte noch mehrere Wochen, bis ihre Wunden verheilt waren und sie zur Ersatzeskadron entlassen werden konnten. Zilly kam Ende Dezember 1870 wieder zu seinem Regiment und nahm u. a. auch an der Schlacht von Belfort teil. Nach dem Feldzug lebte er als Postagent in Söllingen bei Karlsruhe und starb 1929 im Alter von 82 Jahren.

Ob Kraus nach seinen Verwundungen noch einmal zur Truppe mußte, ist nicht bekannt. Nach dem Kriege lebte er in Renchen bei Achern. 1905 traf er sich mit dem bei Weißenburg lebenden Gendarmen Köhler, mit dem er in Croettwiller auch gefochten hatte. Er starb 1908.

Oberleutnant Frhr. von Wechmar, Leutnant Frhr. von Villiez, Gefreiter Weiß

Die im Kurhaus gefangenen Offiziere durchlebten eine unruhige Nacht. Als sie gegen vier Uhr früh geweckt wurden, glaubten sie in ihrer durch die letzten Ereignisse überreizten Phantasie, daß der Befehl zu ihrer Erschießung eingetroffen sei. Sie wurden in ihren düsteren Gedanken noch bestärkt, als der anwesende französische Offizier auf die Frage, wohin man sie führe, nur ausweichende Antworten gab, und als sie vor dem Kurhaus eine Abteilung Chasseurs aufmarschieren sahen.

Beim Passieren des Erdgeschosses erblickten sie die mit einem Leintuch bedeckte Leiche ihres Kameraden Winsloe. Villiez schreibt in seinen Erinnerungen:

> »Die Hände über die Brust gefaltet lag er ruhigen Antlitzes da. Ich drückte ihm einen Kuß auf die erkaltete Stirn und tief bewegt verließen wir die Halle. Kein Wort wurde gesprochen. Ich war fest überzeugt, daß dies unser letzter Gang sei.«

Doch ihre Ängste waren unbegründet. Zusammen mit dem Gefreiten Weiß wurden sie auf Befehl des Kommandierenden Generals des 5. Armeekorps unter Bewachung in einen Militärzug gesetzt, der nach Metz fuhr. General de Bernis hatte ihnen zur Begleitung seinen Ordonnanzoffizier, Leutnant de Quinsonas mitgegeben. Nach Aufnahme ihrer Personalien auf der Metzer Kommandantur kamen die beiden Dragoneroffiziere in das Hotel »Monier-Grand Hôtel d'Europe«, das dem Generalstabschef der französischen Armee, Marschall Leboef, als Hauptquartier diente. Der Marschall empfing sie in liebenswürdiger Form. Er ließ sich über den Patrouillenritt berichten und gab sogar die Weisung, ihnen die Waffen wieder auszuhändigen. Er lud sie zum Abendessen ein, an dem auch seine Frau und seine Tochter teilnahmen. Als der Marschall erfuhr, daß Villiez verheiratet sei, gestattete er ihm, einen Brief an seine Frau zu schreiben. Auch Wechmar durfte eine Nachricht an seine Schwester hinterlassen. Auf Befehl des Marschalls wurden beide Briefe durch einen Lancier den deutschen Vorposten bei Saarbrücken übergeben und erreichten bereits am 1. August die überglücklichen Empfängerinnen.*

Am 27. Juli wurden Wechmar und Villiez, denen man den Gefreiten Weiß als Ordonnanz weiter belassen hatte, mit dem Zug nach Paris gebracht. Dort wurden sie von dem interimistischen Kriegsminister Dejan empfangen. Er wies ihnen als Internierungsort die Stadt Orleans zu, nachdem sie einen Revers unterschrieben hatten, in dem sie ihr Ehrenwort gaben, sich der Gefangenschaft nicht durch die Flucht zu entziehen. Tags darauf trafen sie in Orleans ein, wo sie im Hotel »Orleans« ihr Internierungsquartier bezogen. Weiß blieb bei ihnen.

Clementine Freifrau von Villiez – sie stammte aus dem Bankhaus Meyer in Rastatt – hatte bereits am 25. Juli von dem Generalkommando der Badischen Felddivision in Karlsruhe erfahren, daß ihr Mann und Wechmar in Gefangenschaft geraten seien, nähere Einzelheiten kannte der aus dem Elsaß kommende Geheimkurier jedoch nicht. Am 28. Juli erhielt sie dann von der englischen Gesandtschaft in Karlsruhe aus Paris die Nachricht, daß Villiez und Wechmar in Orleans interniert würden. Kurz entschlossen besorgte die resolute junge Frau sich unter großen Schwierigkeiten die erforderlichen Papiere und reiste am 6. und 7. Au-

* Wortlaut des am 26. Juli 1870 in Metz geschriebenen Briefes des Leutnants Frhr. von Villiez an seine Frau, Seiten 135 ff.

gust über Paris nach Orleans zu ihrem Mann, immer in der Angst von den französischen Behörden festgenommen zu werden. Sie teilte mit ihm den weiteren Leidensweg der Internierung.

Mit jedem weiteren Sieg der Deutschen wurde die Verbitterung der französischen Bevölkerung größer und damit die Lage der Internierten schwieriger. Es kam so weit, daß sie ihre Quartiere tagsüber nicht verlassen konnten. Auch litten sie unter Geldsorgen, da sie die Hotelkosten – in Orleans waren es 14 Franken pro Tag und Person – aus eigener Tasche bezahlen mußten. Bis zum Vorfrieden von Versailles wurden sie mehrmals verlegt, so nach Moulins (Dep. Allier), Clermont Ferrand und Montpellier. Am 6. März 1871 kehrten sie im Zuge des allgemeinen Gefangenenaustauschs wohlbehalten in ihre badische Heimat zurück.

Der 1843 geborene *Frhr. von Wechmar* wurde 1876 Eskadronschef im 2. Kurhessischen Husaren-Regiment Nr. 14, Frankfurt. Als Rittmeister mit der Uniform des Badischen Leibdragoner-Regiments pensioniert starb er bereits im Jahre 1895.*

Leutnant *Frhr. von Villiez* kam nach seiner Entlassung aus der Gefangenschaft zum Schleswig-Holsteinschen Dragoner-Regiment Nr. 13 in Flensburg. 1875 zum Kürassier-Regiment Nr. 7 nach Halberstadt versetzt, wurde er dort als Eskadronschef 1877 zum Rittmeister befördert. Nach einer Verwendung in den Train-Bataillonen Nr. 3 in Spandau und Nr. 14 in Durlach übernahm er 1890 als Major das Train-Bataillon Nr. 1 in Königsberg. Im Jahre 1894 schied er als Oberstleutnant aus dem aktiven Dienst aus. 1910 hielt er anläßlich der vierzigjährigen Wiederkehr des Patrouillenritts die Gedenkreden in Schirlenhof und Niederbronn. Dekoriert mit dem Eisernen Kreuz für die Teilnahme an der wagemutigen Erkundung verstarb Frhr. von Villiez als Ehrenpräsident des Vereins ehemaliger Prinz-Karl-Dragoner 1917 in Freiburg.

Der Gefreite *Weiß* kehrte nach der Internierung in Orleans auf seinen Bauernhof in Memprechtshofen bei Kehl zurück.

* Er war der Urgroßvater des heutigen Botschafters der Bundesrepublik Deutschland in London: Rüdiger von Wechmar.

Leutnant Frhr. Gayling von Altheim

Von den vier badischen Dragoneroffizieren des Zeppelinritts nahm Frhr. Gayling von Altheim als einziger an dem gesamten Feldzug 1870/71 teil. Im August erlebte er die Belagerung von Straßburg, im Oktober die Einnahme von Dijon. Nach der Teilnahme an der Schlacht bei Nuits wurde er im Dezember 1870 Ordonnanzoffizier des Kommandeurs der 2. badischen Infanteriebrigade, General von Degenfeld. Nach Kriegsende kehrte er wieder in seine alte Garnison nach Karlsruhe zurück.

1872 wurde Gayling als Regimentsadjutant in das Westfälische Ulanenregiment Nr. 5 nach Düsseldorf versetzt, 1875 als Premierlieutenant zur Reitschule Hannover kommandiert und 1884 zum Rittmeister befördert.

1888 wurde ihm im Alter von 41 Jahren der Abschied aus dem aktiven Militärdienst bewilligt und noch im gleichen Jahre wurde er zum Großherzoglich-badischen Kammerherr ernannt. 1907 wurde er Mitglied der I. Badischen Kammer. Lange Jahre war er Präsident der Schwarzwälder Pferdezuchtgenossenschaft und Aufsichtsratsvorsitzender der Acherner Glashütte. Dekoriert für seine Tapferkeit vor dem Feinde mit dem Eisernen Kreuz II. Klasse und mit dem Badischen Zähringer-Löwenorden II. Klasse mit Schwertern starb Frhr. Gayling von Altheim, Fideikomißherr auf Ebnet, Kappel und Nimburg als letzter seines Geschlechts 1940 in Konstanz-Allmannsdorf.

Hauptmann Graf von Zeppelin

Graf von Zeppelin wurde im weiteren Verlauf des Feldzugs im Generalstabe verwendet. Hochdekoriert mit dem preußischen Eisernen Kreuz, dem Ritterkreuz des württembergischen Kronenordens 1. Klasse mit Schwertern und dem Militärverdienstorden kam er in die Heimat zurück.

Bis zu seinem Ausscheiden aus dem aktiven Dienst im Jahre 1890 war er im Truppen- und diplomatischen Dienst tätig. So wurde er 1872 Eskadronschef im Schlesw.-Holstein. Ulanen-Regiment Nr. 15, Straßburg, und nach einem 1874 erfolgten Kommando zum Dragoner-Regiment Nr. 26, Stuttgart, ab 1880 Kommandeur des Ulanen-Regiments Nr. 19 in Ulm.

1885 wurde Graf von Zeppelin württembergischer Militärbevollmächtigter in Berlin, 1886 Geschäftsträger des württembergischen Gesandten am preußischen Hof und im Jahre darauf Gesandter und bevollmächtigter Minister.

1888 zum Generalmajor und General à la suite des Königs von Württemberg ernannt, übernahm er im März 1890 die 30. Kavallerie-Brigade in Straßburg. Im gleichen Jahre erfolgte seine Ernennung zum Generalleutnant beim Stabe des XV. Armeekorps in Straßburg.

Am 29. 12. 1890 schied der Graf im Alter von 57 Jahren auf eigenen Wunsch aus dem aktiven Dienst aus, um sich ganz der Verwirklichung seines Planes, ein lenkbares Luftschiff zu bauen, zu widmen. Mit einem seiner Luftschiffe, der »Schwaben«, überflog er am 3. 8. 1911 Woerth und Schirlenhof. Die Städte Konstanz, Friedrichshafen und Baden-Baden verliehen Graf von Zeppelin die Ehrenbürgerwürde. Er verstarb 1917 in Berlin.

Faksimile

Brief des Leutnants Freiherr von Villiez an seine Frau Clementine vom 26. 7. 1870, der auf Weisung des französischen Marshalls Leboef den deutschen Vorposten übergeben wurde.

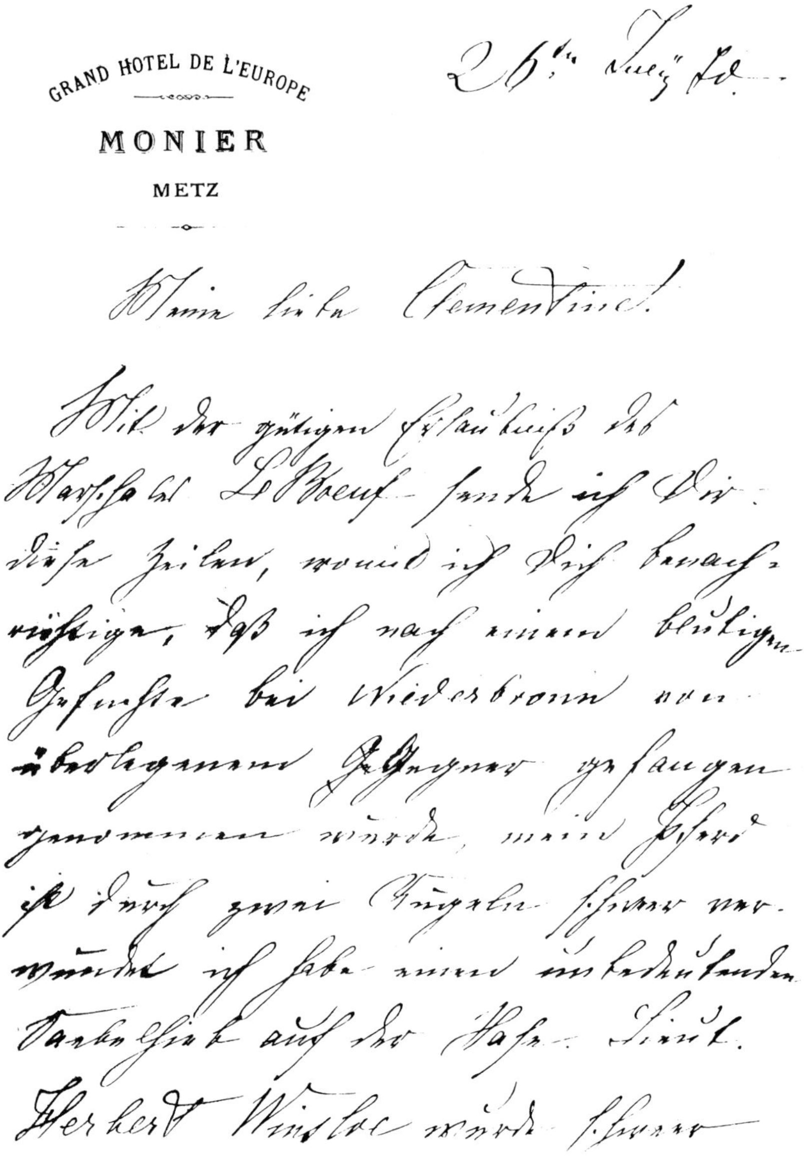

GRAND HOTEL DE L'EUROPE

MONIER

METZ

26ten Juli 70.

Meine liebe Clementine!

Mit der gütigen Erlaubniß des Marschall LeBoeuf sende ich Dir diese Zeilen, womit ich Dich benachrichtige, daß ich nach einem blutigen Gefechte bei Wiederbronn von überlegenen Gegnern gefangen genommen wurde, mein Pferd ist durch zwei Kugeln schwer verwundet ich habe eine unbedeutende Verletzung auf der Hasen Linie. Herbert Winsloe wurde schwer

verwundet und starb nach einigen
Stunden, zwei Dragoner sind
ebenfalls verwundet; wir mußten
uns setzen gegen die Chasseurs d'Afriq,
wir tödteten einen Sergeanten und
verwundeten mehrere Pferde, allein
die Übermacht war zu groß und
so mußten wir unterliegen, ich
hatte z. B. ~~[illegible]~~ alle Kugeln meines
Revolvers verschossen. So bin ich
nun mit Lieut. von Wehmar
gefangen ebenso noch eine
Ordonanz Drag. Weiß von
Memprechtshofen Amt ~~[illegible]~~ Kork
(Ich bitte dich es dem betreffenden
Bürgermeisteramt anzeigen zu lassen)

Den ersten Tag brachten wir im
Badehotel zu Niederbronn zu, woselbst
wir wie Kameraden behandelt
wurden, aber noch charmanter
war unser Empfang in Metz.
General LeBoeuf empfing uns
persönlich, reichte uns mehrfach die
Hand und ließ uns an der Tafel
Theil nehmen, wir saßen zu
beiden Seiten seiner liebenswürd-
igen Gemahlin welche mit (viel) Theil-
nahme von der sprach und auf
ihr Wohl mit uns anstieß. In
welcher Unruhe sie wegen mir
gewesen sein mußte, kann ich mir
lebhaft vorstellen, allein diese

Trost kann ich Dir geben, daß ich wohl und gesund bin, theile dies sofort meinen lieben Eltern mit.
Morgen werden wir nach Paris gebracht, und daß uns daselbst auf Ehrenwort viel Freiheit gelassen wird. Ob wir überhaupt in Paris bleiben, ist noch nicht bestimmt. Ich gebe diesen Brief offen ab, ich kann deshalb nicht so mit Dir sprechen wie es für mich tröstlich wäre. Tröste Dich liebe Clementine, ich bin (:Dir Sinnen auch wie durch ein Wunder:) erhalten geblieben. Ich bitte Dich überall zu sagen wie charmant man uns behandelt.
Sobald ich wieder schreiben darf, erfährst Du Nachricht. Auf Wiedersehen Dein

Verzeichnis der Abbildungen

Bild- und Faksimile-Quellen

1 Klein, Karl – Fröschweiler Chronik, Beck, München 1897
2 Spinner, August – Graf Zeppelins Erkundungsritt nach dem Schirlenhof, Vomhoff, Straßburg 1908
3 Archiv Graf Brandenstein-Zeppelin, Mittelbiberach
4 Hauptstaatsarchiv Stuttgart
5 Generallandesarchiv Karlsruhe
6 Verfasser
7 Philipp Frhr. von Villiez, Bad Godesberg
8 Freiherrlich Gayling von Altheim'sche Gesamtarchiv, Schloß Ebnet
9 Ministère de la défense, Etat-Major de l'Armee de terre, Service historique, Vincennes
10 Museum der Stadt Weissenburg

Karten

Originalskizze Leutnant Frhr. von Villiez mit dem Weg der Patrouille, Seite 77
Gesamtweg der Patrouille und Fluchtweg des Grafen Zeppelin, siehe Faltkarte am Schluß des Buches

Literaturverzeichnis

Bach, Arthur: »Soldaten und Christen – Der verrückte Graf«, Verlag Woltersdorf, Woltersdorf, 1936

Dr. Bahls, G.: »Das 3. badische Dragoner-Regiment Prinz Karl«, Bernard und Graefe, Berlin, 1936

Baumann/Stroh: »1870 Diesseits und jenseits der Grenze«, Verlag Arbogast, Ottersbach, 1976

Biedenkapp, Georg und Hans *Alt:* »Unser Graf Zeppelin und sein Werk«, Verlag Georg Westermann, Braunschweig, 1933

Bodecker, G.: »Der Erkundungsritt des Grafen Zeppelin«, 88. Halbjahresbericht Verein der Offiziere des vorm. 2. Hannovranischen Dragoner-Regts. Nr. 16, 12/1970

Bonie, T.: »Die französische Kavallerie« (Übersetzung aus dem französischen) Verlag Mittler und Sohn, Berlin 1872

von Bray: »Geschichte des 1. Badischen Leibdragoner-Regiments Nr. 20«, Verlag Mittler und Sohn, Berlin, 1909

von Duvernoy: »General der Kavallerie Ferdinand Graf Zeppelin«, Militärwochenblatt Nr. 133, 1907

Eckener, Hugo: »Graf Zeppelin«, Cotta'sche Buchhandlung, Stuttgart, 1938

von Elpons, Paul: »Tagebuch des Deutsch-Französischen Krieges«, Deutscher Verlag, Berlin 1895

Dr. Fechner, Hermann: »Der deutsch-französische Krieg 1870/71«, Grotesche Verlagsbuchhandlung, Berlin, 1871

Fontane, Theodor: »Der Krieg gegen Frankreich, 1. Band: Der Krieg gegen das Kaiserreich« Von Decker'sche Kgl. Geh. Oberhofbuchdruckerei, Berlin, 1873

Frhr. Gayling von Altheim: »Erinnerungen eines deutschen Reiteroffiziers aus dem Feldzuge 1870/71 gegen Frankreich«, Gayling-Archiv Schloß Ebnet.

von Glasenapp, G.: »Der Feldzug von 1870, Teil I«, Buchhandlung für Militärwissenschaften, Leipzig 1872

Großer Generalstab, »Der deutsch-französische Krieg 1870/71«, Verlag Mittler und Sohn, Berlin, 1874

Handbuch zur Deutschen Militärgeschichte, Verlag Bernard und Graefe, München, 1979

Histoire de la guerre 1870/71, Verlag Rozez, Brüssel, 1872

Italiander, Rolf: »Ferdinand Graf von Zeppelin«, Stadtler-Verlag, Konstanz, 1981

Jühling, Josef: »Zeppelins erste Heldentat« aus »Soldatenstreiche aus Krieg und Frieden«, Verlag Münchmeyer, Dresden, um 1916

Klein, Karl: »Fröschweiler Chronik«, Verlag Beck, München, 1897

Kriegstagebuch der Großherzoglich-Badischen Division, Feldzug 1870/71, I. Teil Generallandesarchiv Karlsruhe

Kriegstagebuch: Journal de marche 12e chasseurs pour la campagne de 1870, Service Historique Etat major de l'Armée de Terre, Vincennes

Kriegstagebuch: Journal de marche de la 1e Brigade de la division de cavalerie du 5e Corps d'Armée Service Historique Etat major de l'Armée de Terre, Vincennes

Kriegstagebuch: Journal de marche du 5e Corps d'Armée, Service Historique Etat major de l'Armée de Terre, Vincennes

Kriegstagebuch: Historique du 5e C A, rédigé par le Ce Clemeur, ex-sous chef d'Etat major du 5e C A.

Kunz: »Die deutsche Reiterei«, Verlag Mittler und Sohn, Berlin 1895

Kürschner, Joseph: »Der große Krieg 1870/71 in Zeitberichten«, Eisenach–Berlin 1895

Loeff, Wolfgang: »Der geniale Narr«, Gotenverlag Herbert Eisentraut, Leipzig 1935

Morgat, Louis: »L'auberge de Schirlenhof« Zeitschrift Historama Nr. 225, Juli 1970, Paris

Müller, Georg: »Kriegserinnerungen eines Elsässers 1870/71«, Verlag Ackermann, Weißenburg, 1891

Niemann, A.: »Der französische Feldzug«, Bibliographisches Institut, Hildburghausen, 1871

Ohio, A.: »Service historique du Grand Etat Major prussienne. La guerre de 1870/1871«, Paris, 1872

von Pelet-Narbonne: »Brandenburgisch-Preußische Reiterei, Band II, Verlag Mittler und Sohn, Berlin 1905

Person, E.: »Historique du 12e Règiment de Chasseurs de 1788 à 1891, Paris, 1891

Rau, Ferdinand: »Geschichte des Badischen Leib-Dragoner-Regiments Nr. 20«, Verlag Mittler und Sohn, Berlin, 1878

Regensberg, F.: »1870/71 – Der deutsch-französische Krieg«, Frank'sche Verlagshandlung, Stuttgart

Rosenkranz, Hans: »Ferdinand Graf von Zeppelin«, Ullstein-Verlag, Berlin, 1931

Rossberg, Arno: »Chronologische Bearbeitung der Ereignisse des Kriegsjahres 1870, Frankenberg/Sa.

Saager, A.: »Zeppelin, der Mensch, der Kämpfer, der Sieger«, Verlag Robert Lutz, Stuttgart, 1915

Salm, Fritz: »Herbert Winsloe«, Selbstverlag des Kriegervereins Niederbronn/Elsaß, 1912

Scheibert, J.: »Der deutsch-französische Krieg 1870/71«, Verlag Dünnhaupt, Berlin, 1900

Scheibert, J.: »Der Krieg von 1870/71« Vaterländischer Verlag, Berlin, 1913

Scherr, Johannes: »Der Krieg 1870/71 – Vier Bücher deutscher Geschichte, Band I«, Verlag Wieland, Leipzig, 1879

Schiler, F.: »Das Schlachtfeld von Woerth-Fröschweiler«, Selbstverlag Woerth, 1905

Sostmann: »Geschichte des 3. Badischen Dragoner-Regiments Nr. 22 Prinz Karl«, Verlag Mittler und Sohn, Berlin, 1898

Spinner, August: »Graf Zeppelins Erkundungsritt nach dem Schirlenhof 1870«, Verlag Vomhoff, Straßburg 1908

Trinius, A.: »Geschichte des Krieges gegen Frankreich Dümmlers Verlagsbuchhandlung, Berlin 1887

Unold, Karl: »Im Sommer 1870. Der verwegene Erkundungsritt von Graf Zeppelin über die Grenze nach Schirlenhof«, Pirmasenser Heimatblätter 1970/71

Frhr. von Villiez, Philipp:

1) »Aus dem Tagebuch eines Kriegsgefangenen im Feldzug gegen Frankreich 1870/71« Herausgegeben von seinem Enkel Frhr. Philipp von Villiez, Bonn 1970
2) »Das Rekognoszierungs-Gefecht bei Niederbronn« Bericht Villiezs an seinen Batl. und Regt. Kdr. Halberstadt, 1875, im Besitz seines Enkels.
3) »Ich überreichte meinen abgeschossenen Revolver«, Frankfurter Allgemeine Zeitung Nr. 169, 25. 7. 1970

Vömel, A.: »Graf Ferdinand von Zeppelin, Ein Mann der Tat«, Verlag Blanke, Konstanz, 1909

Westram, E.: »Kriegserinnerungen aus Fröschweiler«, Selbstverlag Fröschweiler

Widderen, Georg: »Der Grenzdetachement-Krieg«, Berlin, 1892

Zander, Paul-René: »Opfer des Zeppelinritts waren badische Dragoner«, Badische Neuste Nachrichten, Karlsruhe, 19. 7. 1980

Zimmer, Ernst: »Der Rekognoszierungsritt des Grafen Zeppelin«, Verlag Eckstein, Berlin, um 1900

Sonstige Zeitungsberichte:

Augsburger Abendzeitung v. 28. 12. 1893: »Graf Zeppelin und seine Reiter«; *Badische Neueste Nachrichten* Karlsruhe v. 28. 7. 1970: »Vor 100 Jahren: Erkundungsritt des Grafen Zeppelin«; *L-Evenément* Paris v. 26. 7. 1910: »Le premier sang versé«; *Freiburger Stadtanzeiger* v. 15. 5. 1917: »Oberstleutnant Frhr. von Villiez gestorben«; *L'Illustration Paris* v. 24. 7. 1910: »40e anniversaire du premier combat de la guerre de 1870«; *Journal d'Alsace-Lorraine* v. 26. 7. 1910: »Quarante ans après«; *Journal de Genève* v. 27. 7. 1910: »Les premiers coups de feu«; *Könische Zeitung* v. 27. 7. 1910: »Die Gedenkfeier am Schirlenhof«; *Le Nouveliste d'Alsace-Lorraine* v. 23. 7. 1910: Zeppelin en Alsace«; dto. v. 25. 7. 1910: »L'Anniversaire de Schirlenhof«; *Le Matin,* Paris v. 25. 7. 1910: »Sur la tombe du premier soldat francais, tombé en 1870«; *Metzer Zeitung* v. 30. 7. 1895: »Der Rekognoszierungsritt der Badischen Leib-Dragoner unter Graf Zeppelin im Juli 1870«; *Le Petit Journal,* Paris v. 7. 8. 1910: »Les premiers coups de fusil Juillet 1870«; *Straßburger Post* v. 27. 7. 1910: »Die Schirlenhof-Feier«; *Süddeutsche Zeitung* Nr. 313 v. 31. 12. 1970: »Aus der Gartenlaube: Kriegsberichterstattung anno 1870«; *Tägliche Rundschau,* Berlin v. 29. 4. 1894: »Die Schreckenstage von Wörth«; dto. v. 26. 7. 1904: »Der erste Kampf und das erste Opfer des Deutsch-Französischen Krieges.«; dto. v. 7. 7. 1908: »Der Zeppelin-Ritt 1870.«